球守门员圣经

洋村公康 主编　王爽威 译

囹技术、训练方法和实战应用

（全彩图解版）

人民邮电出版社
北京

守门员是球队中最重要的位置，我希望年轻的足球爱好者们能够享受这个位置所带来的快乐。

从事守门员的过程可以说是我人生历练的过程，现在能够作为教练指导年轻选手，我感到非常地荣幸，并且心中充满了感激。在多年的教练生涯当中，我积蓄了不少经验，其中最重要的一条就是希望年轻人能够珍惜踢球的每一个瞬间。未来可以说是现在的积累，但是现在的很多年轻人却不重视足球的基础，总幻想凭空迈上更高的台阶。

守门员的任务是守好球门，所以守门员一定要拥有强大的内心，正是凭借这一点我才培养出了当今日本足坛很多优秀的守门员。也有一些先天条件非常优秀但是内心脆弱的选手，我只能遗憾地看着他们过早地离开了绿茵场。

我希望选手们无论是在练习当中，还是在比赛当中都能够竭尽全力，对每一项练习和技巧都应该精益求精。在本书当中我对于守门员必要的技巧、知识以及心理因素进行了总结，如果能对大家的运动水平的提高有所帮助的话，我将感到非常的荣幸。

成为守门员的必备要素

　　作为一名守门员，心里要有"承担全队一切责任"的信念。守门员的所有技术和战术都应该建立在这个信念的基础上。技术再高，战术再先进，最重要的还是选手的信念。如果没有不惜一切保住球门不失的信念，即使守门的技术再好，也不会给队伍带来胜利。所谓学习的过程，指的是将教练传授的知识融入到自己思想的过程。如果在练习中过于被动的话，很难提高自己的实力。因此信念就是

一切练习的基础，也是守门员成长的基础，如果没有坚定的信念，再多的技术和战术，也不会稳固。

首先希望大家能够喜欢守门员这个角色。只有喜欢才能产生热情，才能够在训练和比赛中更加积极，如果再加上自己具有明确目标的话，就能够更加提高自己的主动性，把每次接球练习都当作实战中的防守，这样的练习才会更加有效果。

我指的信念包括勇气、自信、上进心等等，只有把这些融合在一起才能够产生坚定的信念。在今后的训练和比赛当中，只有保持这样的信念才能够在任何环境中克服困难。

目　录

contents

contents

Chapter 1
守门员必备的身体姿势

如果守门员的身体姿势不正确的话，临场发挥一定会受到影响。因此本书要介绍守门员的正确姿势，只有学会了正确的姿势，才能为比赛做好准备。

教练员　铃木友规

注意　本书记述了在职业守门员教练的指导下，进行比赛和训练的内容。读者在进行训练和比赛时，应该对安全性有充足的认识。因此在练习本书记述的内容时，出版社对于读者发生的伤病和死亡事故不负任何责任。对于练习时损坏的所有物品不进行任何赔偿。其中发生的所有情况由读者本人负责，敬请谅解。

所有的动作由姿势决定

当遇到一个陌生人时，只需要两秒钟就可以记住对方的形象和体态。试问一下，如果是一个驼背的守门员，能够给对方球员带来心理威胁吗？如果面色不好、目光无力的话，能够显示出霸气吗？"姿势"这个词是由"姿"和"势"这个两个字组成，可以非常形象地说明这个问题。

守门员的姿势，不仅包括站在球门前的姿势、开球的姿势、扑救时的姿势，还包括日常生活中的姿势。姿势对于一名职业运动员来说是至关重要的。

如果在比赛中保持良好的姿势，一举一动都可以变得更加敏捷，和对方冲撞时也不输于对手。如果守门员保持良好姿势，体型可以显得更加魁梧，从而使球门显得更小。因此可以说守门员的姿势也是决定比赛胜负的因素。

①身体线条的重要性

到底什么是良好的姿势呢？人类的身体中心是脊柱，脊柱的上方是头部，从头部到脊柱形成了人体的中轴线。如果身体的中轴线能够保持正直的话，肌肉的运动会更加迅速，分布在头部和脊椎的神经传导也会更加灵敏，也就是说身体的反应能力会更强。请大家比较一下图1和图2的内容，如果像图1中驼背的话，身体不容易用力，而且对于腰部、膝关节和颈部的负担更大，容易导致受伤。驼背也是当代人最常见的一种不良姿势，特别是在孩子当中非常常见。

错误姿势	职业运动员的姿势

（图1）

孩子们姿势变坏的原因

①手机和游戏机的普及
②由于减少户外运动造成的肌肉力量减弱
③很多人不注意身体姿势

姿势不好的话，无法发挥出身体的运动能力。身体姿势和生活习惯有很大的关系。

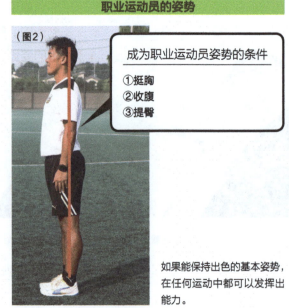

（图2）

成为职业运动员姿势的条件

①挺胸
②收腹
③提臀

如果能保持出色的基本姿势，在任何运动中都可以发挥出能力。

[必须具备的三个条件]

不仅站立的姿势要像职业运动员，而且运动中也要保持出色的姿势。这就必须具备三个条件。

---

①挺胸

通过挺胸的动作可以使下颌回收，头部回归正确的位置。而且可以刺激脊柱附近的竖脊肌，从而更好地支撑脊柱。

②收腹

收腹不仅在足球运动中，在很多运动项目中都是常见的动作。收腹的动作是通过吸气带动腹部内侧的腹横肌，使腹部的内部压力增大，使脊柱更加稳定。

③提臀

收腹的同时提臀，可以刺激臀部的耻骨尾骨肌，进一步提高腹部内侧压力，促进臀大肌的血液循环，增加臀部肌肉的爆发力。

收腹

刚开始练习时可以利用仰卧的姿势练习收腹。将双手放在腹部，能够感受运动的部位。

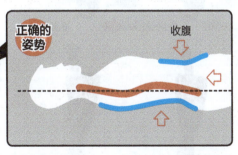

这是收腹动作的图解。可以看出通过压缩腹部和后背，来支撑脊柱。

职业运动员锻炼身体姿势的方法

我们首先介绍一下职业运动员锻炼身体姿势的方法。因为难度很低，所以在运动之前可以作为热身运动来练习。在练习之后可以立刻感觉到身体的姿势有所改善。

1. 锻炼身体线条（仰卧）

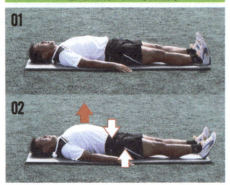

保持仰卧的姿势，随后用力挺胸，同时收腹、提臀。坚持练习 10 次。

2. 锻炼身体线条（坐姿）

保持坐姿，随后用力挺胸，同时收腹、提臀。坚持练习 10 次。

3. 锻炼身体线条（站姿）

保持站立的姿势，随后用力挺胸，同时收腹、提臀。坚持练习 10 次。

4. 锻炼身体线条（俯卧）

保持俯卧的姿势，随后用力挺胸，同时收腹、提臀。坚持练习 10 次。

5. 锻炼身体线条（侧卧）

保持侧卧的姿势，肘部支撑地面，身体的中轴线形成一条直线。在收腹的同时练习提臀。

6. 锻炼身体线条（仰卧）

保持仰卧的姿势，双肘支撑地面，双脚用力蹬地，使腰部抬起。在收腹的同时练习提臀。

7. 手臂扶墙（正面）

双手扶墙，保持身体前倾的姿势，挺胸，同时收腹、提臀。坚持10秒。

8. 手臂扶墙（单腿抬起）

保持练习7的动作，抬起一条腿，膝盖弯曲成90度，坚持10秒。随后换另一条腿。为了加强动作的难度，可以加大身体的倾斜角度。

9. 手臂扶墙（侧面）

身体侧倾，单手扶墙，挺胸，同时收腹、提臀。坚持10秒。

10. 手臂扶墙（侧向单腿抬起）

保持练习9的动作，抬起一条腿，膝盖弯曲成90度，坚持10秒。双腿轮流抬起。随后换另一只手扶墙。

要点！

训练中的要点

　　在训练中考虑的不应该是练习什么，而是如何练习。练习的次数可以根据自己的情况进行调整，一开始应该降低强度，随后逐渐增多练习的强度和次数。

　　练习虽然很重要，但在日常生活中更要注意自己身体的姿势。无论坐车还是走路，就连伏案工作时也可以纠正自己身体的姿势，因此可以按照自己制定的目标，不断坚持练习，这样就可以逐渐接近一名职业的运动员的标准。

瞬间可以修正身体姿势的训练

接下来我们介绍瞬间可以修正身体姿势的训练方法。因为内容非常简单，所以请大家一定尝试一下。但是如果不能坚持练习，很快身体姿势就会恢复原状。

1. 高举双臂	2. 放下双臂

在保持基本姿势的三个条件下，双脚分开二指宽，高举双手。坚持10秒，随后放下双手。

在保持基本姿势的三个条件下，双手的手掌外翻，双肩向内侧收紧，随后双手回归原位。

②守门员的姿势

为了防守住对方的射门，或者做出漂亮的扑救动作，很多守门员都非常注意站位问题。但是有多少守门员注意自己身体的姿势呢！比如说接空中球时的鱼跃、防守时的出击，高难度的防守动作都需要身体保持正确的姿势。接下来我们介绍一下守门员的正确姿势。

大家知道人怎样才能运动吗？一个人在站立的时候，身体是不能运动的。只有通过关节的弯曲和拉伸才能进行运动。如果为了提高运动速度，或者加强动作的力量的话，就必须提高运动的效率。在人的身体当中，每个关节起着不同的作用，但是大致可以分为"运动关节"和"稳定关节"两类（图2）。

图2

胸椎→运动关节

腰椎→稳定关节

股关节→运动关节

膝关节→稳定关节

足关节→运动关节

"运动关节"和"稳定关节"的图示

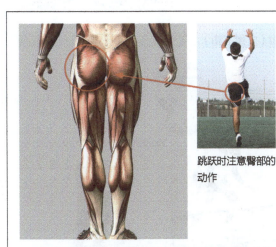

跳跃时注意臀部的动作

股关节是身体当中非常重要的关节，合理运动股关节，可以带动臀大肌的运动。臀大肌是身体当中的大块肌肉，在跑步和跳跃时提供身体的爆发力，因此在跑步和跳跃时非常重要。

Good!

Bad!

为了做好守门的姿势，股关节要弯曲成90度，腰部挺直

股关节不能充分弯曲的话，腰部容易弯曲

如果运动关节不能正常运动的话，稳定关节就会发生运动。这样就会造成身体的伤病。为了做好守门员的准备姿势，股关节的动作非常重要。如果股关节的动作出现错误，很有可能使腰部和膝关节受到伤害。为了保持腰部的稳定性，需要牢记前面提过的收腹动作。膝关节虽然需要弯曲，但是弯曲的幅度也不能过大。

守门员专项训练

接下来我们介绍守门员的专项训练内容。如果采用正确的姿势，可以得到更好的训练效果。

1. 守门员专项训练①（提臀下蹲）

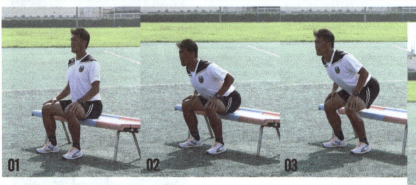

坐在椅子上，随后身体慢慢前倾，用双腿支撑体重。此时后背挺直，身体保持平衡以后抬起臀部，慢慢站起。

2. 守门员专项训练②（支撑下蹲）

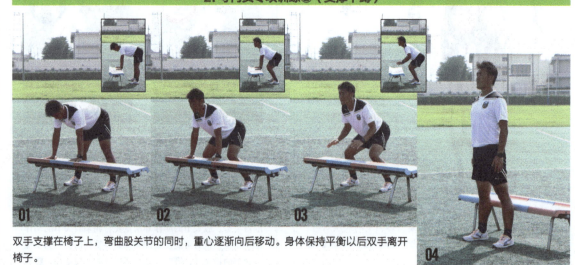

双手支撑在椅子上，弯曲股关节的同时，重心逐渐向后移动。身体保持平衡以后双手离开椅子。

3. 持棒下蹲

双脚分开，与肩同宽，双手握住塑料棒。将塑料棒垂直放下，到达小腿骨的位置以后向上抬起。练习时后背不能弯曲，重心不能后仰。

4. 牵引下蹲

将绳子套在股关节，让同伴握着绳子的两端。随后弯曲股关节，做好守门的姿势。此时重心不能靠后，保持身体稳定的同时慢慢站起。

③根据不同情况改变姿势

在守门时，如果只是做到身体保持稳定的话，会影响下一个动作的反应速度。<mark>因此应该学会随机应变的守门姿势。</mark>但是双手应该放在什么位置，膝关节应该弯曲多大的角度，都取决于守门员和足球的距离远近。希望可以做到该稳定的部分稳定，该灵活的部分灵活。

近距离守门的姿势	中距离守门的姿势	远距离守门的姿势

双脚分开，大于肩宽。双手向下伸直，容易防守地滚球。	双脚分开，稍稍大于肩宽。双手放在身体中间，便于处理任何高度的球。	双脚分开，与肩同宽。身体随时做好向各个方向出击的准备。

④优秀守门员的站姿

人的心理状况很容易反映在动作上，如练习得非常辛苦时，很容易将双手放在膝盖上，非常紧张时肩部容易用力。心里感到不安或恐惧时，容易通过表情反映出来，心情低落时容易垂头丧气。但是一流的守门员却不能这样。越是自己疲劳的时候，越是队伍处于下风时，越要挺胸抬头率领全队战斗。所以守门员平时就要注意站立的姿势，这样在比赛场上才能给对方威慑力，鼓舞自己的队友。

总结：

---

1. 运动员的基本姿势（身体线条和姿势）　要进行挺胸、收腹、提臀的练习，练习的时候将注意力放在股关节。

---

2. 不要忘记自己的身体姿势　为了掌握正确的姿势，在日常生活当中也要随时注意自己的身体姿态。在上学的途中，在听课的时候，随时要检查自己的身体姿态。

---

3. 守门员的姿势可以震慑对方，鼓励队友　如果守门员充满自信地站在球门前面的话，无形中会给对手带来威慑，并且能够鼓励自己的队友，这往往是决定比赛成败的重要因素。

守门员应该一直面对前方

　　在罚点球时，对方运动员的视线都会聚集在守门员身上。在对方罚任意球时，需要守门员安排人墙的位置和人数。在球队陷入劣势时，守门员就是球队最后一道屏障。这就是守门员在一支球队中所起的作用。此外，对方球员在进攻时，所有队员的视线也容易集中在本方的守门员身上。在球队处于劣势时，守门员无法将责任推卸给其他队员，因为守门员的身后就是球门。在比赛中即使对方进球，比赛也不会停止，这时守门员应该立刻摆脱巨大的压力。如果守门员垂头丧气的话，队友的士气也会下降，从而给予对方可乘之机。即使队伍输掉了比赛，守门员也要给予队友正能量，帮助大家投入到下一场比赛的准备工作当中。

Chapter 2
守门员必备的技巧和训练方法

守门员需要很多独特的技巧，如扑救、处理回传球等。接下来我们要讲述的就是守门员必备的技巧和训练方法。通过学习这些技巧，可以立刻提高实战水平。

注意　本书记述了在职业守门员教练的指导下，进行比赛和训练的内容。读者在进行训练和比赛时，应该对安全性有充足的认识。因此在练习本书记述的内容时，STUDIO TAC CREATINE 出版社对于读者发生的伤病和死亡事故不负任何责任。对于练习时损坏的所有物品不进行任何赔偿。其中发生的所有情况由读者本人负责，敬请谅解。

守门员必备的技巧

到底什么是守门员必备的技巧？身体的灵敏程度，对射门冷静的判断，与其他队员的配合、沟通能力等等，包括很多要素。但是最基本的要素就是防止对方的足球射入球门，因此守门员也被称为"门将"。但是只具备优越的身体能力是不够的，还要学习正确的站位、正确的姿势，以及处理球的正确时机。

守门员的姿势和站位

即使具有出色的爆发力和身体运动能力，对于各种球的处理也是非常困难的。优秀守门员的共同点就是具有出色的身体姿势以及站位方法。接下来我们针对这两点进行介绍。

守门的姿势

对于守门员来说，最重要的就是守门姿势。比赛开始以后，守门员只有做好守门姿势，才能将各种技巧发挥得淋漓尽致。根据足球和守门员的距离，我们把守门姿势分成三种。

01 近距离守门姿势

双脚分开，大于肩宽。弯腰，肩部下垂，双手向下伸直，容易阻挡地滚球。

02 中距离守门姿势

双脚分开，稍稍大于肩宽，双脚随时可以灵活移动。双手放在身体中间，便于处理任何高度的球。

03 远距离守门姿势

双脚分开，与肩同宽。双手稍稍下垂，身体随时做好向各个方向出击的准备。

站位

在比赛当中，足球可能出现在足球场的任何位置，无论足球到了什么位置，守门员都应该选择合适的位置，并且做好防守的准备。

01 正面

守门员的基本站位应该在足球和球门线中点的连接线上。这样便于向前后左右运动。

02 侧面

位于远端的脚可以站在足球和球门线中点的连接线上。这样身体会稍稍偏向球门的近端。

03 侧面（近端）

如果是左脚球员从左侧进攻的话，往往是传中球，所以守门员可以站在离球门比较远的位置。

如果是右脚球员从左侧进攻的话，往往可以直接射门或传中，所以守门员可以站在离球门比较近的位置。

04 侧面（远端）

如果是左脚球员从离底线较远的左侧传中的话，守门员可以站在离球门比较远的位置。

如果是右脚球员从左侧进攻的话，可以直接远射，所以守门员可以站在离球门比较近的位置。因此，根据足球的位置随时改变站位是很重要的。

步伐

对于守门员的站位有一定认识以后，接下来要掌握的就是根据对方的射门进行步伐移动的方法。通过使用不同的步伐，可以迅速向前后左右移动。

01 侧步

制动的方法

要点！

制动时，身体运动方向的腿最后用力蹬地，随后调整身体平衡。

为了通过侧步拦截住对方的射门，要求守门员在迈步时身体不能跳跃，双脚不能离开地面太高，上身也要正对着来球的方向。

03 后撤步

当对方利用高球吊射时，守门员可以面对来球方向，身体向后撤步。上半身是跑步的动作，跑动时脚后跟先着地。

要点！

身体停止以后立刻做好守门的准备动作，重心前倾，做好扑救的准备。

错误

如果在后撤步时头部过于后仰的话，容易破坏身体的平衡，不容易立刻做好扑救的姿势。

02 交叉步

上半身面对来球方向，同时利用交叉步稳健地移动位置。在触球之前身体就要进行制动。

要点！

制动的方法

用右脚制动，随后调整身体平衡。

04 后撤交叉步

向后跑动的交叉步称为"后撤交叉步"，首先要确认来球的轨迹，随后开始迈步。与跑动方向相反的腿迈出第一步，随后用力蹬地，利用交叉步跑到守门的固定位置。跑动中双眼一直要盯着足球运行的轨迹。

接球

接球可以说是守门员最重要的防守方法，如果根据来球轨迹使用正确的方法接球，可以减少很多接球失误，增加防守的稳定性。

01 接高空球

根据来球的位置举起双手接球，并且调整身体的方向，尽量在身体的正面接球。双手的拇指和食指形成一个梯形，防止足球从双手之间漏过。

02 接低平球

空中接球

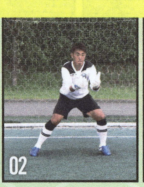

在接空中的低平球时，为了能够在身体正面接球，首先要调整好自己的站位，然后弯腰将身体的高度降低，再伸出双臂接球。最后用上身压住足球，防止足球脱落。

06

07

接到足球以后双手将球放到胸前，确保足球不会脱落。

接球时双臂伸直，左右手的拇指和食指形成梯形。这是接球时的基本手法。

如果接球时肘部过于弯曲或者过于伸直，双手不容易用力，而且足球容易从双手之间脱落。

双臂伸直，腋下夹紧，防止足球从手中脱落。

接地滚球

01

02

03

04

05

接地滚球时首先要弯腰，将身体的高度降低，双手的指尖着地，身体成为阻挡球的第一道屏障，在足球滚动的线路上接球。一侧的膝关节直立，另一侧的膝关节弯曲，紧贴地面，形成阻挡球的第二道屏障，即使双手没有抱住球也不至于失误。

03 倒地接球

倒地接球指的是守门员在接地滚球之后，上身倒地，将球压在地面上的方法。在守门员附近有进攻队员或者射门的力量非常大时，这种方法非常有效。在接到地滚球之后，膝关节和肘部立刻接触地面，身体向前倒。

04 接地滚球后出击

接地滚球后出击的话可以直接向对方发动进攻。在接到地滚球后，可以直接手抛球，或者踢手抛球。但是在出击之前首先要保证足球不会脱手。

步伐和接球训练

接下来我们介绍一些步伐和接球的训练方法，大家要掌握训练中的要点，不仅要学会每一项技巧，还要学会在实战中应用的方法。

01 橄榄球步伐训练

将标志桶放在自己的前后左右，随后和同伴玩石头剪子布的游戏。事先规定好规则，即石头为向左跑动，剪子为向右跑动，布为向后跑动，随后双方在中间位置开始游戏。根据对方出拳的结果快速跑动，率先将标志桶取回，放到中央的一方取胜。

02 使用标杆进行的步伐和接球训练

横向

守门员利用侧步或交叉步绕着塑料棒跑动，跑动一周之后，同伴进行射门，守门员接球。守门员的跑动方向为围绕塑料棒交替进行顺时针和逆时针跑动。

纵向

将塑料棒垂直放在球门前，守门员绕着塑料棒跑动一周之后进行接球练习。无论塑料棒横向还是竖向放置，守门员跑动的圆半径一定要小；而且为了防止同伴随时射门，眼睛一定要盯着同伴的动作。

03 前后跑动接球

将四个标志桶放在球门线和球门区的边缘，守门员的运动范围就在这四个标志以内。

守门员向前出击，跑到球门区线上时做守门姿势。从正面接住同伴的射门，随后立刻将足球回传给同伴。

回传给同伴以后，利用后撤步和交叉步退回到球门线。后退时的视线要一直看着同伴。

守门员退回到球门线以后，同伴再次射门，守门员接球。在跑动中由双脚的拇趾受力，这样更便于提高跑动的灵活性。

04 环绕标志物围成的圆圈进行步伐和接球练习

利用障碍物摆一个圆圈（也可以使用呼啦圈）面对同伴绕着障碍物跑圈，可以使用交叉步和后撤步。

根据同伴射门的时机摆好守门的姿势，稳健地接球。跑动中不要过分考虑脚下的障碍物，要随时看着同伴的动作。

05 练习接各种球

同伴踢出不同种类的球，由守门员接球。射门的角度可以各有不同，球的种类也不相同。这是一个锻炼守门员注意力的训练。

使用的球可以包括排球、篮球等大小重量不同的球类。

06 直接接球和接反弹球

这是对手腕灵活程度进行的训练。首先用接高空球的姿势触球，但是随后双手不用抱紧球，让球在身体前方下落，弹跳一次之后再抱住球。当射门力量非常大的时候可以使用这种方法接球。

07 接球和击球

按照同伴喊的数字进行接球和击球训练。同伴喊奇数时接球，喊偶数时击球。

击球时可以将球击回给同伴，或击出场外。同伴喊口号时声音要大，咬字要清晰。

08 接各个方向的高空球

首先同伴从高、低、左、右等不同角度向守门员的头部高度投球，守门员用接高空球的姿势接球。随着投球的角度变化，守门员的视线也要快速变化。这项训练可以模仿实战当中对于左脚射门、右脚射门、凌空射门等情况的对应方法。一开始的守门姿势都是一样的，但是视线一定要看着来球方向。

09 接各个方向的低平球

接下来采用接低平球的方法接各个方向投来的球，无论球从哪个方向过来，都要保持相同的接球动作。

10 不同的接球姿势

坐地接球

在进行坐地接球的训练时，上半身一定要保持稳定。

弯曲膝关节

坐在地面，双膝弯曲。接球之后尽快将足球抱在胸前。

11 跪地接球

保持双膝跪地的姿势，用双手接低平球的姿势接球。要掌握好同伴踢球的时机，并且臀部要稍稍抬起。

保持双膝跪地的姿势接球。双膝用力，保持身体平衡。

身体直立

保持直立的姿势接球。经过了各种接球姿势训练之后，最后采用最常见的姿势接球。

要点！

双臂伸直，腋下夹紧，防止足球从手中漏过。

伸直双臂接球，不仅双臂要并拢，还要夹紧腋下，防止足球从双臂之间漏过。

12 接高空球和低平球

在同伴开球之前就要做好接球的准备姿势。同伴先将球踢到守门员头部的高度，守门员练习接高空球。

接下来，同伴将球踢到守门员胸部以下的部位，守门员练习接低平球。击球时不能只用双手，要用身体的正面和双手一起接球。

随后同伴踢地滚球，守门员弯曲双膝接球。由于同伴三次射门的高度不同，守门员可以练习不同的接球姿势。

13 单腿跳跃接球

守门员一边单腿跳跃，一边接同伴踢出的高球。单腿跳的时候一定要保持身体稳定，而且视线不能离开足球。

14 摆好姿势后近距离接球

在同伴投出球之前先要做好接球的准备动作，随后同伴用力投球。因为与同伴的距离很近，所以为了防止足球脱手，应该用双手将球抱在胸前。

扑救

当无法使用步伐防守对方射门时，就要将整个身体倒下阻挡足球进门，这就叫做"扑救"。但是扑救也有不同的方法，有双脚不离开地面的

倒地扑救

在无法使用步伐进行防守时，倒地扑救是非常有效的方法。我们首先介绍的地滚球扑救方法是双脚保持不动的倒地扑救方法。这是所有扑救方法的基础，需要大家务必掌握。

1. 扑地滚球

首先做好扑救的准备姿势，足球离近以后右腿蹬地，重心向左倾斜，左腿向斜前方迈出一步。在双腿的延长线上将球扑住。

2. 扑半高球

左腿用力蹬地，双手同时抱住足球。

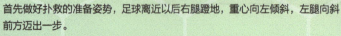
左腿不能用力蹬地的话，身体容易向左侧倒，上身无法伸直。

首先做好扑救的准备姿势，足球离近以后右腿蹬地，重心向左倾斜，左腿向斜前方迈出一步。

倒地扑救，有双脚腾空的鱼跃扑救，有处理快速的脚下球时的直接倒地扑救，还有在一对一防守时从对方脚下将球夺走的向前鱼跃扑救。这一切都要根据对方射门的情况或进攻的方式进行选择。此外，扑救动作不对的话，还会造成伤病。因此要一点一点学好每项基本动作。

将球扑住以后，用左手、右手和地面将球牢牢地控制住，并且加上身体的重量护住球。

正确

左手在侧面护球，右手从上面抱球。由于肘部在身体前方，可以防止足球脱落。

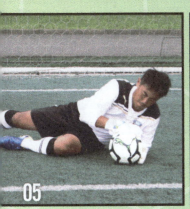 

身体接触地面的顺序为双脚→小腿→腰部→足球→肩部。倒地以后，身体要和双手一起护住球。

错误

如果肘部压在身体下面则非常容易受伤。因此肘部一定要伸到身体的前方。

一步鱼跃

当倒地扑救无法够到足球时，就需要身体的鱼跃动作。因为鱼跃时双脚要离地，所以比倒地扑救的动作难度大。

做好准备姿势，对方射门以后，守门员用右脚蹬地，左脚向前迈一步，双手做好向上挥动的准备。利用左脚蹬地以及双臂向上挥动的力量，身体腾空接球。

交叉步鱼跃

如果从站立的位置通过鱼跃也无法够到足球的话，需要使用交叉步迅速移动，随后鱼跃接球。其中的关键是要掌握起跳的时机。

从准备姿势开始，右脚开始蹬地，身体的重心向左倾斜，同时利用交叉步向球方向运动。运动当中视线不能离开足球。

利用挥动双臂和左脚蹬地的力量起跳。

05

06

身体在空中鱼跃以后，双手同时触球，视线也不能离开足球。

倒地时弯曲双膝，身体的侧面形成一条直线，身体和足球同时落地。落地后足球不能脱手。

05

06

07

双脚离开地面以后，双手接球。倒地时弯曲双膝和上肢，身体和足球同时落地。

41

侧步鱼跃

对于飞向边网的射门可以采取侧步鱼跃接球的方法。训练时一定要注意对方射门的时机，随后开始迈动脚步。

首先做好守门的准备姿势，在对方射门的一瞬间开始迈动脚步。通过右脚蹬地将身体的重心左倾，随后开始迈出侧步。左脚蹬地后，双手稍稍下垂，准备鱼跃的动作。

原地鱼跃

如果没有时间移动步伐，就要通过原地的鱼跃动作进行扑救。和经过迈步之后的鱼跃动作相比，重心的移动有更大的难度。原地鱼跃可以说是所有鱼跃动作当中难度最大的。

做好准备动作之后就要将重心降低，将身体的所有力量集中在左脚，之后左脚用力蹬地，视线不能离开足球。随后身体鱼跃，挥动双臂接球。

鱼跃接球的同时，要伸直双手，展开身体。

利用挥动双臂和双脚蹬地的力量，身体腾空。视线一直要盯着足球，用双手牢牢地抓住足球。

蜷缩身体，缓解落地的冲击力。到落地为止，视线不能离开足球。

落地时蜷缩身体，身体的侧面与地面平行。落地后足球不能脱手。

起身的方法

如果倒地扑救或鱼跃扑救之后没有扑到足球，则要立刻起身，再次进行防守。我们接下来就是要介绍扑救之后倒地起身的方法。

起身的方法1

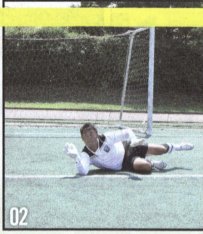

将球挡出之后，立刻将抬起的双脚贴地，右手的手掌按在地面上，将上身支撑起来。动作当中视线不能离开足球。

起身的方法2

如果将球挡出的方向和身体倒地的方向相反的话，可以利用身体滚动的动作起身。例如可以将右脚伸出，以右脚的侧面为支点，将左脚拉近身体。

04

05

右手支撑上身的同时，左脚用力蹬地，通过右手和左脚将身体支撑起。起身的同时，准备进行下一个动作。

如果用拳头支撑地面手腕容易受伤，所以应该用手掌支撑地面。

04

05

06

07

利用身体滚动的惯性，左手和右脚支撑地面，使身体站立起来。在起身的同时，就要开始准备接下来的防守动作。

直接倒地扑救

在守门员和对方一对一抢断，或对方近距离射门时，守门员很难立刻做出反应。为此守门员可以直接倒地扑救。希望通过下面的练习掌握快速直接倒地扑救的动作。

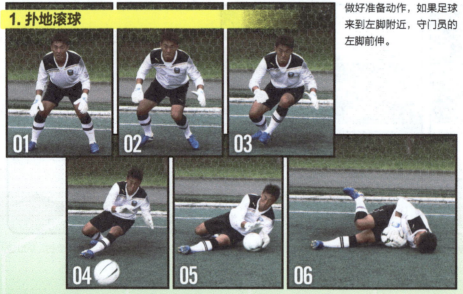

1. 扑地滚球

做好准备动作，如果足球来到左脚附近，守门员的左脚前伸。

顺势倒下之后，双手迅速抱球，并且用身体护球。

向前鱼跃扑救

如果在一对一抢断时对方脚下丢球，或者为了抢对方的脚下球时，守门员可以使用向前鱼跃扑救的方法。虽然守门员向前鱼跃时具有很大的危险性，但是为了防止丢球，这无疑是一种非常有效的方法。

做好准备动作，左脚用力蹬地，身体向前冲。在鱼跃之前大声喊着"守门员"，将自己的动作告诉队友。

迈步的同时降低身体的姿势，为鱼跃做好准备。

2. 扑半高球

做好准备动作，如果足球来到守门员的左侧，左脚伸向斜前方。随后身体顺势倒地。

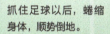

抓住足球以后，蜷缩身体，顺势倒地。

向着来球的方向鱼跃，使用双手接球。接球之后身体和双手一起护住球。

正面封堵（手扑球）

在和对方球员一对一封堵时，需要在跑动中用双手封堵对方的射门。在封堵时要注意跑动的路线、与对手之间的距离、以及扑球的时机。

在跑动中用双手封堵对方的射门。在跑动中逐渐降低身体的重心，做好扑救的准备。

正面封堵（身体封堵）

身体像一堵墙一样阻挡对方射门的方法叫做"身体封堵"。身体封堵作为一种正面封堵的方式，首先站位要在对方的球路上，随后用身体阻挡对方射门。在对方射门之前眼睛要盯着足球，随后飞身阻挡。

首先向着对方射门的球路奔跑，双眼紧盯足球，逐渐降低身体的重心。在对方准备射门时伸展四肢，用身体封堵对方的射门。

张开双臂，向足球扑救，尽量将球压在身下。视线始终不能离开足球，如果脱手的话，立刻用身体阻挡住对方的二次射门。

为了用身体阻挡对方的射门，尽量张开四肢，阻挡对方射门的球路。如果脱手的话，立刻用身体阻挡住对方的二次射门。

扑救训练

如果扑救姿势不正确，容易引起身体的伤病。因此，刚开始训练时，可以从坐姿开始练习扑救。这样不仅会减小倒地时对身体的冲击，而

01 弯曲双膝时的扑救

1. 扑地滚球

双腿弯曲坐在地面上，根据队友抛球的时机，进行倒地扑救。由于扑救的是地滚球，所以身体要提前倒地，做好扑救的姿势。但是要注意，肘部不能压在身下。

2. 扑半高球

双腿弯曲坐在地面上，和扑地滚球的姿势基本相同。随后扑救同伴投出的半高球。倒地时，肩部和肘部要和足球同时接触地面。

且可以将精力专注于练习身体的姿势。随后可以双膝着地进行练习，最后再使用正常的守门姿势。无论哪一种练习，基础的姿势都和倒地扑救一样，所以要把倒地扑救练习好，随后各种鱼跃扑救的姿势也自然会得到提高。在土地足球场上训练时，特别要注意身体不能受伤。

扑到足球以后，利用身体的反作用力，将球抛回给同伴，并且恢复坐姿。

双臂前伸，在身体的前方扑住足球。

扑到足球以后，利用身体的反作用力，将球抛回给同伴。抛球时不能只运动双臂，要使用全身的力量。

倒地扑救时，身体绝对不能后仰。

02 伸直双膝时的扑救

1. 扑地滚球

双膝直立，做好扑球的准备动作。在同伴抛球之后，扑球方向的膝关节向前迈出一步，身体向斜前方倾斜，随后进行倒地扑球。扑到球后用双手和地面将球固定住。

2. 扑半高球

双膝直立，双手稍稍向前伸。在同伴抛球之后，扑球方向的膝关节向前迈出一步，身体向斜前方倾斜，随后进行倒地扑球。扑球时要保持双手同时触球。

伸直双膝的扑救时，也要在身体的前方扑住足球。

扑到足球以后，利用身体的惯性将球抛回给同伴。随后全身恢复双膝直立的姿势。

错误

如果身体后仰的话，不可能掌握正确的姿势。

扑到足球以后，利用身体的惯性，将球抛回给同伴。同伴不能立刻再次抛球，要在确认守门员动作完全正确之后让同伴再次抛球。

03 静止球的扑救

1. 扑救正面球

2

1

A

01

射门

02

03

做好守门的准备动作，对于从A点射门的地滚球进行倒地扑救。在扑救之前请确认，步伐是否向斜前方迈出。

带球射门的场景

01

带球

02

03

04

这是经过步伐移动之后倒地扑救的情况。如果站位不佳，无法及时做出扑救动作。

2. 移动步伐之后的倒地扑救

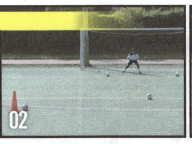

01
02
03

把标志桶当作射门队员，从远处带球一直到 A 点。守门员要不断调整站位。

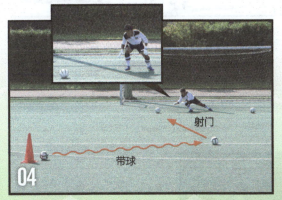

射门

带球

04

05

从足球位于 A 点时开始，守门员就要考虑向左还是向右扑救，这样更接近于实战比赛。

05

06

如果守门员站位合理，可以保证不失球。因此在平日的训练当中就要考虑实战的要素。

要点！

我们介绍的训练都是和实战有着密不可分的关系的。在训练当中，头脑里一直模拟实战的场景是非常重要的。而且每个动作都要达到防守的标准。

04 扑救同伴手持的球

同伴用手持球，事先调整好足球的高度。随后守门员右脚发力，用左脚起跳，向斜前方进行鱼跃扑救。随后守门员还可以使用不同的步伐练习扑救。

05 扑救之后的落地

同伴抛出一个高球，守门员伸展身体进行扑救。

扑到足球以后，身体尽量慢慢倒下，并且将身体倒地的动作练习熟练。

06 向静止球前扑

在守门员的身体左右两侧各放一个足球，随后同伴向任意一个足球奔跑，守门员对这一侧的足球进行扑救。

在同伴踢到这个足球之前，守门员向前进行鱼跃扑救。

07 倒地扑地滚球

在守门员的身体左右两侧各放一个足球，守门员做好扑救的准备。随后按照同伴指示的方向，守门员进行倒地扑救。

08 反方向扑救

守门员双膝直立跪地，做好扑救的准备动作。随后同伴向右侧抛球，守门员的身体向左倒，同时双手向右侧前伸，抓住足球。

09 不同角度的扑救

守门员站在球门区或者禁区的一角，右脚发力将重心向左移动，随后左脚向前迈步，在门线上倒地扑救地滚球。

10 转身扑救

守门员面对球门背对着自己的同伴，让同伴向自己的身体抛球。足球击中身体时，守门员迅速做好扑救的准备。

完成扑球动作之后，将足球拉近身体，使用正确的姿势倒地。通过这种不规则的接球方法，可以培养守门员对于射门轨迹突然变化的反应能力。

通过这个练习可以学会身体变换角度之后的扑救，特别是通过45度角转向之后，可以掌握正确的站位方法。

感到足球接触身体之后，守门员立刻扑救或者捡球。这样可以培养守门员在球脱手之后对足球的反应能力。

11 向各个方向扑救

前方

从守门的基本姿势开始，右脚用力蹬地，将重心转移到身体的左侧，随后左脚前伸。落地时上身弯曲，身体和足球要同时落地。在扑救时身体的正面一定要对着足球。

横向

从守门的基本姿势开始，右脚用力蹬地，将重心转移到身体的左侧，随后左脚向侧面伸出。落地时上身弯曲。如果守门员扑球不及时，或者左脚来不及向前方伸出时，可以采用横向扑救的方法。

后方

从守门的基本姿势开始，右脚用力蹬地，将重心转移到身体的左侧，随后左脚向后方伸出。落地时上身弯曲。在对方突然起脚射门，或来不及向前方或横向扑救时，可以采用向后方扑救的方法。

12 双腿之间救球

做好守门的基本姿势，让同伴向守门员的双腿之间抛球。足球通过双腿之间的一瞬间，守门员伸出右手，从自己的身后按住足球。

随后使用双手抱住足球，倒地后上身尽量弯曲。利用身体的惯性将球抛回给同伴，随后迅速站起。

起身后，同伴再次向守门员的双腿之间抛球。在足球穿过双腿之间的一瞬间，守门员用左手按住足球。经过几次动作的重复之后，守门员会对穿裆球的反应更加灵敏。

13 扑救之后的身体滚动

做好守门的基本姿势，在同伴抛出足球之后，守门员右脚发力，将重心向左侧移动，随后左脚向斜前方迈出，准备扑救。

14 向一个方向扑救

地滚球

做好守门的基本姿势，在同伴抛出地滚球之后，守门员进行扑救。扑救时要注意重心的移动，而且身体正面要面对着足球。

半高球

做好守门的基本姿势，在同伴抛出半高球之后，守门员进行扑救。扑救时身体尽量弯曲，球和身体要同时接触地面。

双手抓到足球以后，守门员的右侧肩膀对着同伴的方向，身体向内侧滚动。身体旋转时大腿尽量弯曲，旋转动作当中双眼不能离开足球，而且双肩要夹紧。

利用身体的惯性将足球抛回给同伴，随后左手支撑上身直立，右脚蹬地迅速站起。起立之后，同伴再次迅速抛球，守门员连续做出扑救动作。

足球抛回给同伴之后，迅速站起。同伴再次迅速抛球，守门员连续做出扑救动作。守门员在每次站起之后，都要迅速做好扑球的准备动作。

15 向左右两侧扑救

做好守门的基本姿势，在同伴抛出足球之后，守门员左脚发力，将重心向右侧移动，随后右脚向斜前方迈出，进行扑救。扑救之后利用身体的惯性，将球抛还给同伴。

16 通过各种步伐进行扑救

将两个塑料圈分别放在守门员身体的前后，然后绕着两个塑料圈进行"8"字绕圈。绕圈时身体正面要对着同伴，视线不能离开同伴持有的足球。

在同伴抛球以后，守门员进行倒地扑救。同伴不仅可以抛地滚球，也可以抛半高球。守门员在绕圈时要利用灵活的脚步随时做好扑救的准备。

守门员起身以后，再次将重心放在双脚上，做好守门的基本姿势。随后同伴向另一侧抛球，守门员迅速进行扑救。同伴不仅可以抛地滚球，也可以抛半高球。

在同伴准备抛球时，守门员停下脚步，立刻做好扑救的准备姿势。

将球抛还给同伴之后，守门员立刻起身，再次开始绕圈动作。随后可以将两个塑料圈横向摆放，或者利用别的标志物进行步伐练习。

17 向三个方向的鱼跃扑救

在同伴前方的左侧、中间、右侧分别放一个足球，守门员做好守门的准备动作。同伴对三个足球中的任意一个进行射门时，守门员都要立刻做出反应，进行倒地扑救。

18 进攻队员传球之后的向前鱼跃或抓地滚球

守门员向同伴手抛地滚球，随后同伴带球，与守门员进行一对一对抗。守门员在足球离开同伴的脚的一瞬间进行扑救。

守门员应该提前做好倒地的准备动作，迅速进行扑救。对于中间的足球，守门员可以用任何姿势进行扑救。但是对身体左右两侧的足球，主要采用向前鱼跃扑救的方法。

如果足球离同伴的脚下不远的话，守门员可以向前鱼跃扑救。

如果足球离同伴的脚下比较远的话，守门员可以直接用双手抓住地滚球。

19 从带球队员身后向前鱼跃

守门员保持好基本姿势，一直跟在带球的同伴身后。守门员利用各种步伐，等待同伴脚下出球的一瞬间，随时准备进行扑救。

20 面向带球队员的向前鱼跃

在同伴带球射门之前，守门员要一边做好守门的准备动作，一边看准同伴脚下出球的时机，立刻进行鱼跃扑救。

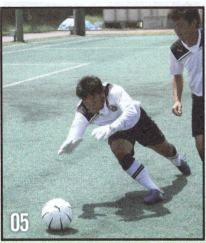

在同伴脚下出球之后，守门员立刻进行鱼跃扑救。关键是要掌握扑救的时机。

门将出击时，身体重心要放低，随后进行正面鱼跃扑救。如果守门员跑动的距离比较远的话，随时要注意防止对方射门，而且扑救时一定要挡住对方射门的线路。

21 双膝跪地向前鱼跃扑救

守门员在球门线上双膝跪地，在守门员的身体两侧各放一个标志物。同伴带球向两个标志物中任意一个靠近。

22 双腿挡球

针对同伴近距离的射门，守门员要做好守门的准备姿势。在同伴射门的一瞬间，守门员要做出判断是用手挡球还是用腿挡球。

守门员看准时机，向前鱼跃扑救。通过这个练习掌握出击的时机，学会上肢扑救的动作。因为守门员属于双膝跪地的状态，所以和直立时相比，向前鱼跃扑救的动作比较容易。

但射门之后如果守门员用脚挡球的话，由于来球的力量过大有可能向斜后方漏球。通过这个练习可以学会用脚挡球的技巧，以及对于近距离射门的防守技巧。

击球和托球

在对方开出角球之后，对方球员有可能在混战中突然射门，射门的角度也可能非常刁钻，这时守门员很难用双手护住球。这就需要守门员具有高超的解围技巧。因为守门员是足球队中唯一

击球 使用拳头将球击出的方法叫做"击球"，如果利用来球的速度，抓住正确的时机击球的话，可以将球解围到很远。击球时不能使用拳头的关节部分，而是要使用平面部分。

1. 单手击球

做好守门的准备姿势，根据来球的时机将身体的重心放在一只脚上（照片中是左脚）。为了能够有力地击球，要用身体的运动带动手臂的力量。

2. 双手击球

做好守门的准备姿势，双手握拳，拳头外侧的平面朝向身体前方。将两侧的肋部收紧，双拳放在胸口前方。

可以使用手的队员，而且可以在更高的位置接触到足球，解围的概率会比较高。但是解围时要把球打到正确的地点。接下来我们就和大家讨论一下解围时拳头击球和手掌托球的方法。动作本身没有什么难度，但是如果想将球解围到正确的位置，需要不断地练习。

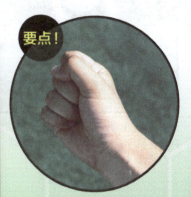

要点！

握拳时拇指不要放在拳头里面，否则拇指容易骨折，拳头的侧面也不平，击球时使用手指根部到第二关节之间的平面。

将球击到守门员想要击打的方向，重心一直保持在右脚上，将手臂伸直，利用拳头的侧面击球。

利用双拳前伸的力量，在面部附近击打足球，击球时手臂有一些弯曲，身体重心倒向击球的方向，击球后手臂伸直。

托球　在不能双手抓球或击球时就可以使用这种技巧。利用手掌的平面和手指来改变足球的方向。

1. 单手托球（地滚球）

做好守门的准备姿势，如果来球打向守门员左侧的话，守门员应该右脚发力，将身体推向左侧。随后左脚向斜前方迈出，身体逐渐降低。

2. 单手托球（高球）

高球的单手托球动作和扑低球的动作要领基本相同。只是在左脚蹬地之后进行跳跃时，可以利用上肢和挥动手臂的惯性，让身体跳得更高。随后用和跳跃方向相反的手臂来托球。

将身体的重心逐渐移动到左脚的同时左脚用力蹬地，伸直左臂，利用手掌和手指托球。托球时手指不能过于用力也不能过于放松，否则无法改变足球的方向。要巧妙地利用足球的惯性，自然改变足球的方向。

利用手掌和手指改变了足球方向以后，用左手支撑地面，让身体慢慢倒下。如果用左手托球的话，倒下时的姿势很不自然。而且另一侧的手臂往往可以伸得更长。

托球

3. 双手托球

做好守门的准备姿势，在对方射门以后，守门员将身体重心移动到左脚，利用上肢和挥臂的力量做出鱼跃动作。伸直双臂，利用双手的手掌和手指托球。

4. 对于吊门的托球

对于对方的吊门，使用击球的方法往往够不到足球，这时就可以使用托球来处理。练习时首先做好守门的基本姿势，随后一边看着足球一边向后撤步，随后将重心放在左脚，利用上肢的惯性起跳。

04

05

06

利用足球的速度，使用双手的手指和手掌改变足球的方向。落地时身体一定要放松。如果将足球击回原处的话可以使用击球的方法，如果是为了改变足球方向的话可以使用托球。

05

06

07

08

利用手掌和手指的平面将足球托出横梁，随后左脚的外侧着地，腿部和上肢依次倒地。在落地之前双眼一定要紧盯足球，这样可以防止颈部扭伤。

击球和托球训练

要掌握击球和托球动作，只进行大量的练习还是不够的，如果没有明确的目的，很难取得进步。其实所有项目的练习都一样，首先要抱有明

---

01 双人互相击球

1. 双手击球

两人一组面对面站立，二人之间的距离和球门的宽度相同。一人用双拳击球将球打向同伴，随后同伴用双拳将球打回。这样反复练习可以提高双拳击球的准确性。

---

02 多人轮流击球（三人）

三个人按照三角形站立，首先一个人用双拳将球击出，接球的人用双拳将球击给第三个人。这个练习可以培养利用拳头击球改变足球方向的能力。击球时使用双拳或单拳都可以。

确的目的，随后要使用正确的方法。接下来我们会介绍击球和托球的训练方法，从最初级的练习到非常实用的练习，我们准备了很多种类型，大家可以把这些练习加入到平日的训练项目当中。

04

在击球之前双手保持放松，只有在击球的一瞬间才握紧双拳。

要点！

01 **02** **03**

预测到足球落点之后，守门员可以在面部前方击球。击球时不仅要用力，而且要让球反向旋转。击球之后双臂要伸直。

04

向下一个人传球时，要将球打到同伴容易接球的位置。

要点！

01 **02** **03**

单手击球时，不击球的另一只手可以高高举起，指向将球击出的方向。随后利用将手放下的惯性，根据来球的轨道用另一只手的单拳击球。

03 击打射门的球

对于对方球员踢出的大力射门或者没有旋转性的射门，守门员也可以使用击球的方式解围。首先守门员做好守门的准备姿势，在对方射门之后立刻对来球做出反应。随后调整身体的站位，身体的正面对着足球。

04 托静止的球

托球的基本训练可以从坐在地面上的姿势开始。为了扑救地滚球，视线一边注视着足球，一边将上身向右侧倒，用手掌托球。全身的力量都可以集中在手掌上。随后练习向左侧倒地托球。

单手托球

倒地扑救同伴抛来的地滚球。身体倒地的时机不能过快也不能过慢，要使用手掌和手指的力量改变足球的方向。随后视线继续注视着足球，防止对方进行补射。

做好击球的准备动作，使用拳头的外侧击球。在击球之后，眼睛一直要盯着足球的第二落点，做好再次扑球的准备。在平常的练习时就应该养成这样的习惯。

05 托运动中的球

双手（托地滚球）

和单手托球的动作相同，守门员对于同伴抛出的地滚球使用双手托球，托球之后的视线也不能离开足球。

双手托半高球

随后练习托救同伴抛出的半高球。

向反方向托球

利用和身体倒下方向相反的手臂进行托球练习。和我们在74页和75页介绍的托球方法相同，手臂要尽量伸直，改变来球的方向。身体倒下的方法也需要多次进行练习。

06 从准备动作开始托球

托地滚球（单手）

做好扑救的准备动作，将同伴抛出的球当作是对方的射门。在对方抛球之后，守门员左脚用力蹬地，身体向右倒下。

托地滚球（双手）

接下来我们练习双手托地滚球的方法。左脚用力蹬地，随后右脚向前迈出，根据来球的时机倒地托球。

托半高球

做好守门的准备姿势，在同伴抛出半高球以后守门员向来球方向伸出双手。守门员使用左脚蹬地，将身体的重心放在右脚，随后身体慢慢倒下。

将右臂伸直，使用手掌和手指改变足球的方向。之后视线不能离开足球，防止对方进行补射。同伴应该将球抛到守门员能够用力够到的地方。

利用手掌和手指的平面改变足球的方向。和单手托球相比，接触球的面积增加了很多，因此可以更加准确地托球。为了防止对方补射，托球之后视线也不能离开足球。

伸开双手的手掌，在托球的同时，改变来球的行进方向。倒地时上身要伸直，避免身体受伤。为了防止对方补射，托球之后视线也不能离开足球。

07 托高球（防守吊射）

在同伴抛球之前，守门员就要做好准备姿势。同伴抛球以后守门员要做好鱼跃的准备。首先是利用后撤步移动到足球将要落下的地点，守门员在扑救时横向移动，随后向上起跳，手臂从斜上方将球托出。

08 托球游戏

通过游戏也可以进行托球的练习。按照照片中的样子摆放两个球门，同伴将足球抛向一名守门员，守门员利用托球的方法向另一个球门射门。另一名守门员也利用托球的方法解围。

身体的重心放在左脚，使用左脚起跳，右脚可以高高抬起。使用手掌和手指将足球托出横梁，注意不要将球碰到横梁上。随后视线一直盯着足球，这样可以防止倒地时颈部受伤。

随后两名守门员轮流利用托球的方法向对方射门，最后进球多的一方获胜。为了获得更多的进球，射门时一定要选择一条更准确的线路，这对于提高托球的精准度非常有效。

防传中球（防高空球）

球门前的传中球由于落点远近各不相同，速度有快有慢，落点高低不同，如果守门员不能进行正确的判断，很容易导致丢分。特别是在定位

双脚起跳

首先足球从守门员的正面飞来时，如果守门员可以抢到足球的落点，首先应该向后卫传达自己可以解围的信息。

首先做好守门的基本姿势，通过分析来球的球路，预测足球的落点。如果守门员可以接到球的话，就可以大喊一声："守门员"，然后看准时机，双脚均匀用力起跳。

单脚起跳

单脚起跳时最重要的是要加入上肢运动的惯性，这样可以在和对方选手的冲撞当中占得先机。

1. 空中接球

做好守门的基本姿势，然后预判足球的落点。根据足球落下的时机开始准备助跑和起跳。即使足球落下的地点离守门员比较远，也不要迈过多的步子。

球时，发球的选手由于不会受到其他队员的影响，所以踢球的准确度比较高。接下来我们对于各种传中球的防守方法进行一些训练。首先是正面来球时双脚跳跃的方法，接下来就是加上助跑的单脚跳跃方法。扑救时不仅需要利用基本的接球方法，也会加上托球和击球等技巧。

双臂伸直，在面部的斜上方接球。在身体落地之前，一定要用双臂紧紧抱住足球。

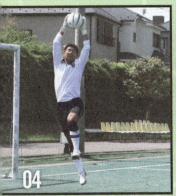

利用单脚起跳，另一条腿的膝关节高高抬起，利用上肢和摆动手臂的惯性使身体跳得更高。如果助跑时步数过多，容易打乱起跳的节奏。在身体落地之前，一定要用双臂紧紧抱住足球。

2. 托球

做好守门的准备姿势，视线注视着来球的路线，随后身体正面对着来球的方向双脚起跳。

3. 击球

如果不能将球接住的话，可以考虑使用击球的方法。首先向着来球的方向助跑，不击球的手臂抬起护球，起跳到最高点，将球击打到另一个方向。

4. 飞向球门的传中球

对于飞向球门远端的传中球来说，首先使用交叉步向斜后方撤步。一开始可以放缓迈步的速度，足球即将落下时再加快迈步速度，这样可以在和对方球员发生身体冲撞时不至于落于下风。

使用手掌和手指托球。如果足球落在球门附近的话，要抢先一步将球托出横梁。随后练习使用另一侧的手托球。

要点！

击球时要使用拳头的侧面，将球击打到另一个方向。如果不使用拳头上的平面，则很难控制击球的方向。

视线一直注视着足球，利用上肢和摆动手臂的惯性起跳，在对方球员身前将球破坏。

防传中球训练

防守传中球的训练需要同伴协助，尽量模拟比赛中情景。我们先从接高空球开始练习，特别

01 接空中球的姿势

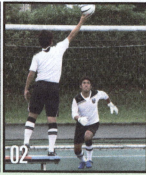

首先练习高处接球的动作。让同伴高举足球，守门员向着静止的足球跳跃。

02 抓网球

使用网球练习的话，守门员会更加集中精神盯球，而且对于空间位置的训练也很有帮助。要注意保持正确的起跳姿势。

04 对于前锋的防守

接下来守门员练习接同伴抛出的高球。同伴抛出球以后，模拟对方前锋的动作，与守门员争球。

是要进行动态练习。对于来球的判断，今后可以在实战形式的训练中不断提高，但是首先要掌握正确的姿势。守门员非常有必要掌握空中的争球动作。

用双手接住足球。起跳时使用单腿，落地之前一定要紧紧抱住足球。

03 抓反弹球

为了提高空中接球的能力，可以利用足球的弹跳进行练习。首先用力向下抛足球，在足球下落之前顺势用力起跳，双手稳稳接球。

和防守传中球使用相同的跳跃方法，并且用腿部的动作护球。和对方的冲撞中绝对不能输给对方。

要点！

守门员抬起一只腿阻挡对方球员，可以保证动作尽量少受干扰。

处理脚下球

对于守门员来说，不仅要保证球门不失，如果还能够具有高超的脚下功夫的话，则可以作为第11名场上队员参与进攻和防守。而且如果守

处理回传球

接到队友的回传球以后，可以寻找时机再次组织进攻。重要的是守门员希望队友向什么位置踢回传球。

守门员可以通过喊话和肢体语言告诉后卫向哪里回传。随后带球到再次发起进攻的位置。

解围

守门员可以将回传球大脚解围。这在对方大举压上的时候，以及将球输送给前锋的时候非常有用。关键是解围时要将球输送到正确的位置。

1. 将回传球解围

要点！

确认目标

在队友回传之前，可以使用身体语言告诉队友回传的位置。如果通过喊话告诉对方位置的话，守门员的左侧与右侧同队友相反，容易产生混乱。因此用手指挥更直接。再次开球之前，守门员要确认好将球踢到的位置。

门员的脚法好，后卫队员在进行回传球时也会更加放心。在这个部分我们要介绍守门员和后卫配合进行解围的方法，以及守门员处理球的各种方法。守门员的脚下处理不仅包括各种踢球的方式，而且其使用的情况也各不相同。因此要首先学会正确的姿势，然后学会正确的踢球方法，尽量将球处理到最安全的位置。

要点！

接球之后要立刻组织进攻。如果接球时注意力不集中的话，容易造成乌龙球。

希望队友将球传到守门员身前时，可以用明确的手势来表示。

接球以后视线不能离开足球，最基本的方法是向着来球的方向开球。在练习熟练以后，可以按照前面介绍的方法，确认好目标之后再开球。

有时守门员会要求队友回传球远离球门，传到自己的左侧。

2. 移动之后处理回传球

处理直塞球

如果在禁区前出现一片开阔地带，对方很容易打出直塞球，这时门将要对眼前的情况迅速做出判断，做到可以随时主动出击解围。

守门员要随时注意前方的开阔地带，身体前倾，如果对方打出直塞球的话，守门员可以立刻做出判断。决定出击就不能犹豫，立刻做好助跑动作，寻找解围的时机。

04

05

06

如果球速比较慢的话，守门员可以调整站位，使用自己的常用脚开球。只要时间充裕的话，即使对方的前锋上前围抢，也最好使用自己的常用脚。

04

05

06

助跑的同时准备用脚的内侧将球解围，解围时要留意对方前锋的一举一动，动作必须坚决。

助跑开球

助跑开球是最基本的开球方式，需要守门员使用正确的姿势，将球开到准确的位置。

首先要想好将球开到的位置，随后视线盯着足球，使用固定的步数助跑。

踢反弹球

用手将球抛向地面，弹起后开出的球叫"踢反弹球"。踢反弹球和踢手抛球相同，都是利用足球下落的加速度开球，可以将球开得更远。

助跑的同时将球用左手或双手在常用脚的前方抛下。

踢手抛球

踢手抛球指的是将抛到空中的球直接开出的方法，踢手抛低球时更加注重跑动的速度，踢手抛高球时要注意足球的滞空时间。

1. 手抛低球

确认开球的位置，助跑的同时将球抛向常用脚的斜前方。在球落到股关节下方的位置时开球。

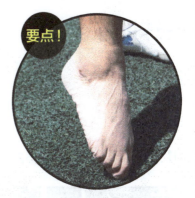

使用支撑脚固定身体，利用股关节带动膝关节，最后带动常用脚的内侧开球。开球后，脚依旧保持运动的惯性，随后准备进入下一个动作。

使用脚的内侧开球时，脚趾要尽量蜷缩，脚腕要固定。

足球弹起之后，瞬间将球开出。开球后，脚依旧保持运动的惯性，随后准备进入下一个动作。

用股关节带动膝关节再带动脚内侧开球。开球后，脚依旧保持运动的惯性，随后准备进入下一个动作。

2. 手抛高球

和手抛低球的动作基本相同。但是要将球抛到脚的正前方，并且要加大腿部的摆动幅度，将球踢得又高又远。开球后，脚依旧保持运动的惯性，随后准备进入下一个动作。

97

开球训练

为了开出高质量的球门球，我们要进行几项开球训练。如果能够根据情况开出不同的高质量的球门球，则可以成为进攻的有效起点。首先要

01 使用标杆控制球路的高度

按照图中的方法摆放标杆，利用踢反弹球的方法，将球从标杆下方开出。在助跑中，将球在地上弹一次之后立刻开球。开球之后，脚的运动方向不是向上，而是向前。

02 使用手抛球控制球路的高度

助跑的同时开始手抛球，踢球时视线要一直盯着足球。踢球的动作是由股关节带动膝关节再带动脚。踢球后让足球反向旋转，将足球踢向前方。

学习的是利用助跑的开球方法，掌握开球的准确性。随后需要学习开手抛球，掌握将球踢得又高又远的方法，这样无疑可以增加开球的攻击性。为此我们要理解开球的要点，带有明确的目的进行练习。

03 迈一步踢反弹球

做好踢反弹球的准备动作，助跑时只迈出一步，随后立刻颠球。重要的是开球时足球的位置要在膝关节下方。

04 向上踢手抛球

助跑的同时用手将球抛到正确的位置。大幅度摆腿，将足球踢向正上方，同时让球反向旋转。随后看准足球落点双手接球。

从腿部后摆的姿势开始，在足球弹起的一瞬间开球。只有将这一系列的动作连贯完成，才能够迅速地组织起进攻。

05 使用标志物开球

由于将球放在标志物上，所以更容易感受脚部内侧开球的感觉。开球时的视线一定要盯着足球。

手抛球

手抛地滚球
在向队友抛球时，往往抛出的是地滚球。要注意自己和队友之间有没有对方球员。

头脑中想着手抛球的方法，随后开始助跑，将重心放在左腿上。

侧向手抛球
侧向手抛球时，可以对近距离跑动的队员传球。但是守门员在助跑时要抱紧足球，不能脱手。

头脑中想着手抛球的种类，开始助跑。使用右手的手腕固定住足球，右手抛球的球路与地面平行。守门员的视线要一直盯着足球。

手抛高空球
跟手抛地滚球和侧向抛球相比，手抛高空球的抛球距离会更远。使用转动上肢的力量，将力量传导到足球上。

头脑中想着手抛球的种类，开始助跑。使用右手的手腕固定住足球，右手向斜上方抛球。如果对方前锋进行干扰的话，可以立刻停止抛球。

为了将球传给附近的队友，可以采用手抛球的方法。如果是初学者的话，对于手抛球可能有些不适应，需要在实战中好好练习。我们在本书中介绍的三种手抛球的方法的共同点就是，对不同位置的队员抛出不同的球，并且使用正确的动作，尽量将球抛远。首先可以从手抛地滚球开始练习。

左手放在左腿上，左脚用力蹬地的同时抛球。抛球之前手臂尽量后摆，抛球后手臂继续向前运动。

利用左手的惯性在球速最快时出手，抛球后手臂继续向前运动。

首先挥动左臂，利用手臂的惯性挥动右臂，在球速最快时出手。抛球后手臂继续向前运动。

实战练习

根据足球比赛中的需要,我们介绍一些有实战性的训练方法。例如一对一时的解围、防守高球的方法等,都需要进行有针对性地练习。练习中封堵射门的次数,以及射门的距离都可以根据自己的情况进行调整。

封堵射门

首先我们进行更具有实战意义的封堵射门练习。即使守门员摔倒也不能成为丢球的理由,要提前设想可能发生的各种情况,无论什么情况都要保住球门不失守,并且要提高守门技巧。

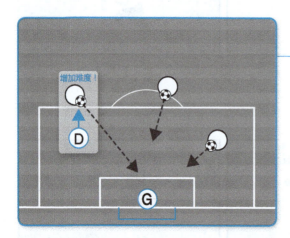

防守各种距离和角度的射门

队友从不同的角度和距离进行射门,守门员进行防守。防守住一次射门以后,立刻改变站位,做好防守下一次射门的准备。射门的队员在射门之前也可以将球进行小范围转移。

增加难度

如果增加了防守队员的话,无疑更具有实战意义。守门员要意识到有防守队员时的站位,及时对防守队员发出指令。

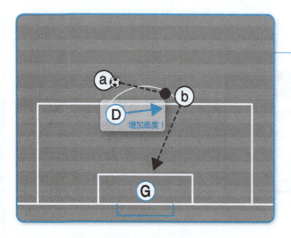

传球之后的射门

队友a将球传给b,b直接射门或者控球之后射门,使训练的变化更加丰富。守门员会根据场上的变化多次改变站位,做好守门的准备。

增加难度

加入后卫队员以后形成二打一的局面,守门员要留意如何与后卫进行协防。

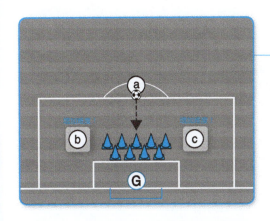

加入障碍物

在球门设置标志桶等障碍物，然后进行射门。因为足球在射门时会接触障碍物而发生变向，因此可以训练门将的反应能力。

在障碍物的左右两侧加入两名对方前锋，对于守门员扑出的球以及脱手的球进行二次进攻。培养守门员对于二次进攻的反应。

防守解围之后的球

守门员在解围之后，a进行射门。守门员在解围之后，为了防止对方的二次进攻，立刻对球进行扑救。

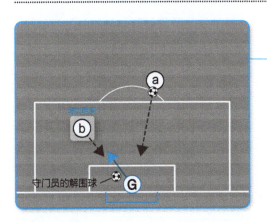

增加一名对方前锋b，守门员为了防守b进行二次进攻，在b射门之前使用鱼跃扑救，将球牢牢控制住。

混战中的射门

在门前加入b、c、d，即使在混战当中守门员也要做好站位，随时准备进行封堵。由于门前比较混乱，即使守门员看不清对方射门的动作，也要随时提防对方射门。

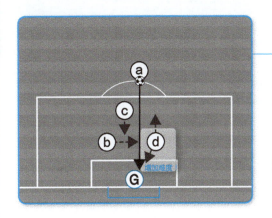

b、c、d在球门前控球，调整后射门。守门员对于突然的变向射门要做好准备。

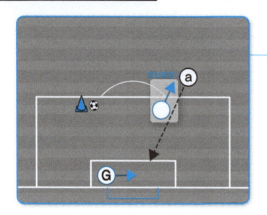

防守其他前锋的射门

守门员把标志桶当作带球队员，做好守门准备。随后a进入射门状态，守门员必须迅速转换站位，做好再次扑救的准备。

增加难度

加入后卫队员进行防守。在后卫队员进行抢断时，守门员可以一边改变站位，一边向后卫发出指令。

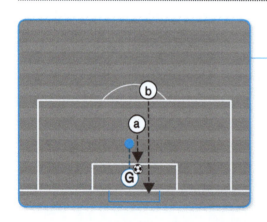

防守双前锋的射门

守门员将球踢给a，a可以直接射门或将球传给b，由b射门。守门员首先要防止a射门，随后改变站位，做好防守b的准备。

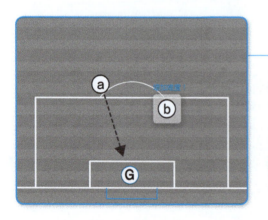

使用篮球射门

a使用篮球射门。因为和足球相比，篮球的运行方向更不容易控制，因此可以锻炼守门员的反应速度。篮球碰撞身体的伤害不如足球大，所以也可以使用篮球练习近距离射门。

增加难度

增加进行二次进攻的b，守门员对于b射出的篮球要做好随时改变站位方向的准备。而且守门员在第一次解围以后是立刻将球扑在身下，还是防守b的二次进攻，要立刻进行判断。

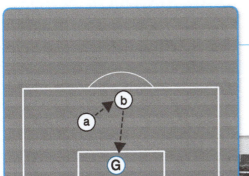

使用不同的球射门

使用排球或网球进行射门。这样可以锻炼守门员对不同球速和线路的来球的防守方法。棒球比较硬，容易受伤，所以最好不用。

可以使用球拍击球，这样更容易控制来球的速度。如果是网球等比较小的球可以用身体挡出。

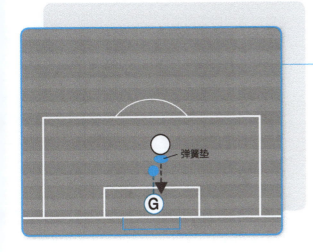

使用弹簧垫进行练习

守门员将球抛向弹簧垫，随后处理反弹球。因为经过弹簧垫反弹的球和用脚射门的旋转方式完全不同，守门员可以学会更多的对应方法。

弹簧垫

由于抛球的角度不同，回弹的方向也有所不同。因此队友可以随时调整手持弹簧垫的角度。

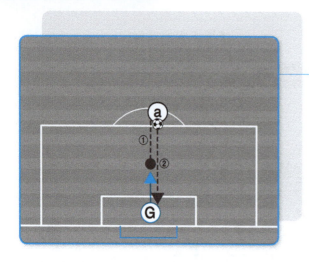

防守吊射

a将足球开到禁区内，守门员解围。随后a对解围的球进行吊射。守门员要学会一边向后撤步一边进行防守的方法。

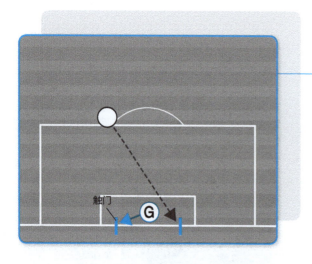

触摸球门之后进行防守

守门员在触摸球门之后，防守对方向球门远端的射门。在防守中不仅需要守门员迅速改变站位，而且在换位中要使用各种技术动作。

守门员出击

对于传到后卫身后的长传和直传，守门员应该比任何人都能够迅速反应，然后快速出击。如果能够抢到球的话，不仅可以化解对方的进攻，还可以迅速组织起本方的进攻。因此我们要强化守门员的出击能力。

防守各个位置的直传

持球队员a或c将球传给队友，在b和d接球射门之前，守门员上前抢断。因为B类型进攻中的两位球员离的比较近，所以守门员的出击抢断有一定难度。

e和f之间要经过两次传接球，随后进行射门，所以守门员要经过防守位置的改变，随后进行出击。

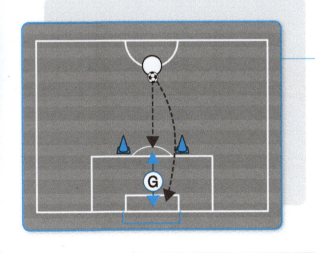

守住"两个门"

在球门区前沿用标志桶搭建一个球门，宽度与球门相同。a向标志桶之间或球门里射门。守门员为了守住两个门，不仅要做好守门的准备动作，而且要迅速进行前后移动。在守前一个门时尽量不要用手，使用脚下技巧守门。

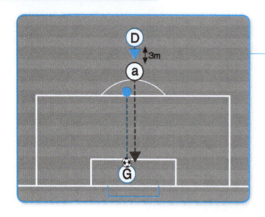

传球之后守门员与前锋一对一

守门员将球传给a，a接球之后，位于身后3米远的后卫开始上前抢断。守门员在后卫抢断之前做好守门的准备，直到后卫完成抢断为止。守门员始终要保证正确的站位，防备对方随时射门。

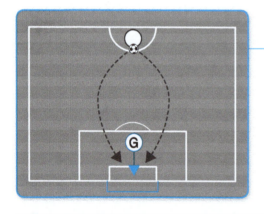

后退的同时防守远射

将球放在弧圈中心附近，随后守门员准备出击抢断。对方球员远射打门，守门员在后退的同时守门。这个练习可以培养守门员对于远射的防守能力，以及后退中的灵敏动作。

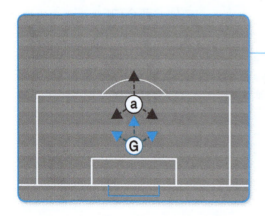

一对一

a在经过一次触球之后，与守门员形成一对一的状态，随后a带球准备射门。守门员不仅要准备进行脚下的抢断，而且随时要准备进行鱼跃扑救。这项练习可以在禁区的各个位置进行。

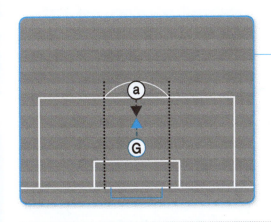

球门前的一对一

守门员将球传给a，随后进行一对一练习。a进行一次触球以后将球带入禁区，守门员在封堵球路的同时，上前进行抢断。此时守门员要对脚下抢断还是鱼跃救球做出迅速判断。

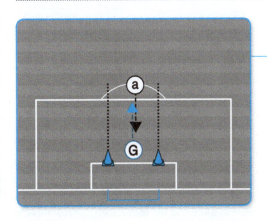

防止带球突破

在球门线的左右两侧放置两个标志桶，守门员将球传给a，随后进行一对一练习。a进行一次触球以后将球带入禁区，守门员为了防止a带球穿过标志桶之间，上前抢断。为了阻止a带球，守门员的反应必须灵敏。

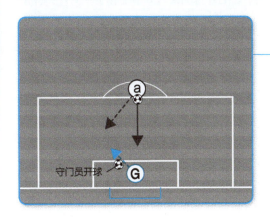

守门员开球

处理反弹球

守门员持球之后将球开出，a进行射门，守门员进行封堵。a在控球以后可以和守门员一对一盘带，也可以选择射门。守门员在防止对方射门的情况下迅速抢球。

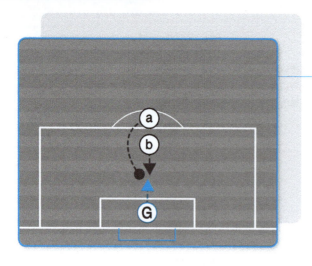

防守禁区内的球

a向守门员和b之间传球，守门员在判断自己和b的距离以后，考虑出击或一对一抢断。这个练习可以培养守门员进行判断的速度。a的传球可以加入低平球或半高球的变化。

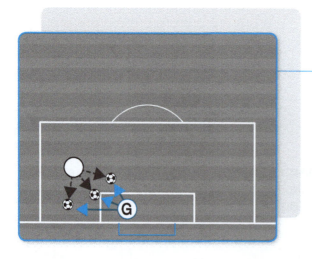

防守小角度射门

在球门的一侧摆放三个足球，随后依次射门。守门员可以鱼跃扑救，或在球门前封堵。当从侧面射门时，守门员要做好站位。

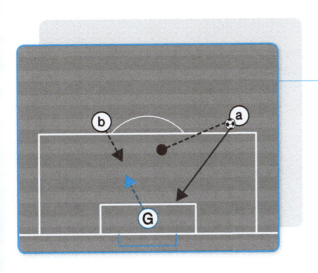

射门或传球，随后一对一防守

守门员防守带球队员a，a可以射门也可以传球给b。a传球以后，守门员可以出击，也可以与对方形成一对一防守。

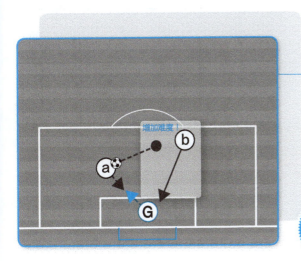

一对一（射门或带球）

守门员向a的方向出击，a可以直接射门，或带球突破。守门员对a的动作立刻进行判断。通过这个练习培养守门员的预测和判断能力。

增加难度

a将球传给了b，守门员需要迅速改变站位，防守b。

防守传中球

如果守门员能够防守好传中球的话，无疑为后卫队员减轻了很大压力。防守传中球时最重要的就是守门员的站位以及出击的时机，这不仅要求守门员具有灵敏的反应速度，而且还要通过练习提高守门员的各种素质。

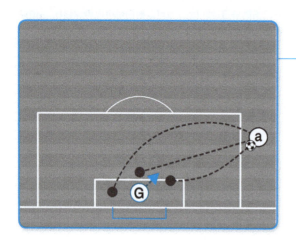

防守传中球的方法

a将足球放在各个位置，可以分别利用左脚和右脚进行斜向传中、普通的传中，或底线传中。守门员通过不同的传中球练习出击的时机和站位方法。门前也可以加入对方的前锋或本方的后卫队员。

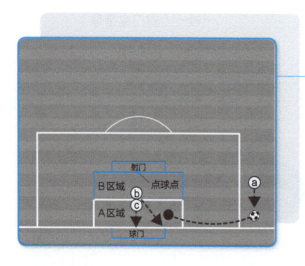

一对一防守传中球

首先将球门区扩大一倍的面积，在球门的对面再放一个球门。如果a向A区域开出传中球，b射门，c为守门员。如果a向B区域开出传中球，c射门，b为守门员。因此b和c要根据传中的位置来判断自己的职责。也可以将人数改为二对二，或三对三。

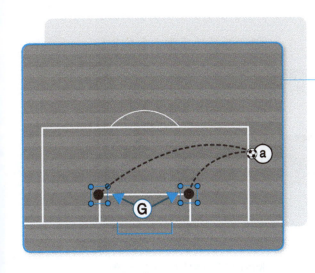

防守两个区域

在球门区的两个顶端分别放上标志物，a向两个标志物附近传中。守门员使用正确的站位上前接传中球，不能让球落在地上。

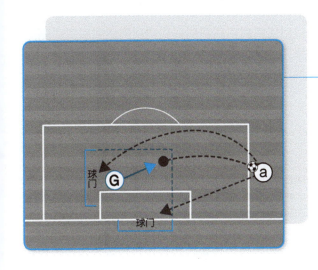

防守三个方向的传中球

摆放两个球门，a向两个球门或中间地带传中。守门员上前接传中球，不能让球落在地上。守门员要迅速对3个来球的方向进行判断，然后上前出击。

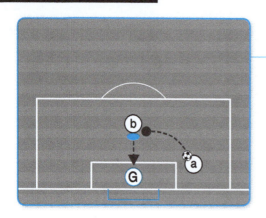

防守弹簧垫反弹之后的射门

a向着弹簧垫踢球或抛球，b利用弹簧垫反弹的球射门，守门员进行防守。守门员对于弹簧垫的反弹球也要迅速做出反应。

由于使用了弹簧垫，b的射门方向变得不容易预测，这就需要守门员的反应更加迅速。

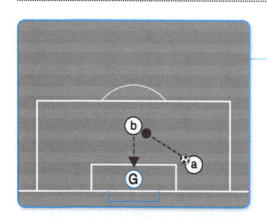

防守低平球传中之后的射门

a向b传出一个低平传中球，b进行射门。因为低平球的传球速度比较快，足球转眼间就会传到b的脚下，所以守门员的移动速度要比防守一般的传中球要快，b射门之前守门员就要做好扑救的准备动作。

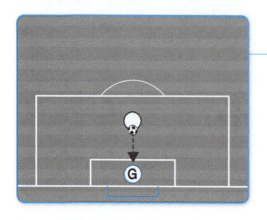

防守排球的颠球

利用排球的颠球射门，守门员进行防守。因为颠球的高度比较高，所以可以模仿防守头球射门的练习。而且颠球比一般足球的头球射门速度要快，颠球的距离和位置可以进行各种变化。

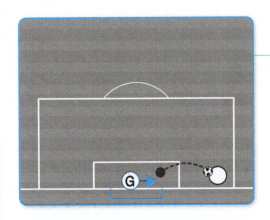

防守网球的传中球

将网球投向球门横梁的下方，守门员用单手接球。因为网球的体积比较小，所以可以锻炼守门员指尖的神经。此外，守门员在接球时要一边看着网球一边进行动作，对于培养空间感觉是一个非常好的训练。

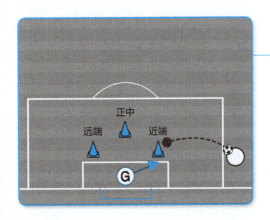

防守定位传中球

将标志桶分别放在球门的远端、近端和正中，守门员站在这三个位置向队友要球，队友按照守门员的指令，向这三个位置传中。这个练习可以锻炼守门员在有障碍物的条件下，防守传中球的能力。

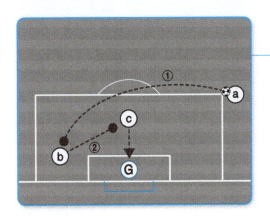

防守折返传中球

a向b传中，随后b将球折返传给c。c在二到三次触球之后射门。守门员在防守住a的直接传中球后，就可以练习防守折返传中球。

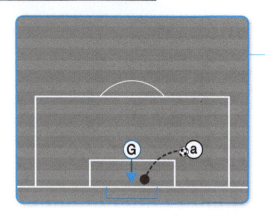

处理横梁附近的球

守门员站在离球门比较远的位置，a向横梁下方抛球。守门员一边后退，一边准备接球或向外击球。这个练习可以培养守门员处理高球的能力，以及运动中处理球的能力。

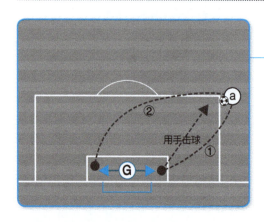

处理远端和近端的传中球

a传出一个近端传中球，守门员用拳头将球击出。a将守门员击出的球向远端传中，守门员立刻向远端移动步伐进行扑救。通过这项训练可以练习击球之后防守对方第二次传中的方法。

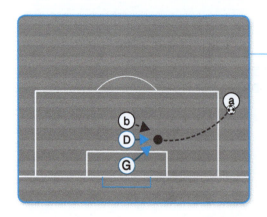

加入其他队员的传中

b在球门前可以充当前锋和后卫的角色，a向b传中。守门员要立刻做出判断，是自己上前抢断，还是指示后卫进行防守。如果将球解围但并未踢远的话，a可以再次射门。

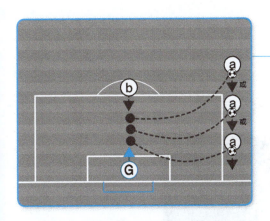

针对三个方向的站位变化

将三个足球竖向排列，a可以将球传中，或者将球直传之后，再踢下一个球。a传中之后b进行射门。守门员在a跑动的过程中就开始做防守的准备。

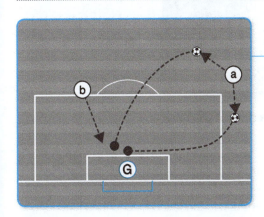

分球之后传中球

a向左右两侧分球，随后进行传中。b接球后射门。守门员在a跑动的过程中就开始改变站位，因为a在分球时的传球轨道有很大的变化，守门员要对此做好充分的准备。

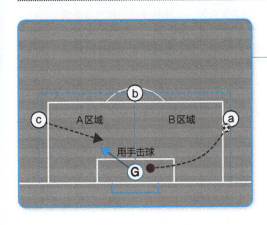

击球之后重新调整站位

a向c传中，守门员将球击出。如果球落到A区域的话由c射门，落到B区域的话由a射门，落到中圈附近的话，由b射门。这就要求守门员在击球之后迅速改变站位，防守对方的二次进攻。

为了能在比赛中出色表现

photographed by Suguru Ohon

　　守门员为了在比赛中发挥得更加出色，平日的准备和练习是必不可少的。包括做好心理准备、调整身体状态、准备球鞋和手套等设备。比赛之前要进行热身运动，之后要进行降温，消除身体的疲劳。这些准备工作希望每位守门员都能够亲历亲为，如果准备充分的话，能将平日的练习成果发挥得更加淋漓尽致。此外，为了比赛，守门员要完成各种艰苦的训练，只有高质量的训练才能提高战术水平，而且通过大量的训练可以增加自信，有了自信才可以克服比赛场上的困难，才能在逆境中扭转局势。即使在比分落后时也丝毫不能气馁，强大的内心可以成为取胜的关键。

Chapter 3
守门员应该掌握的战术

在这个章节我们要讲述守门员在比赛中需要具备的知识，也就是足球比赛的战术。特别是作为防守队员中最重要的位置，防守的战术对于守门员来说至关重要。在理解了这些战术之后，守门员可以向队友发出合适的指令，牢牢地守住球门。

注意 本书记述了在职业守门员教练的指导下，进行比赛和训练的内容。读者在进行训练和比赛时，应该对安全性有充足的认识。因此在练习本书记述的内容时，出版社对于读者发生的伤病和死亡事故不负任何责任。对于练习时损坏的所有物品不进行任何赔偿。其中发生的所有情况由读者本人负责，敬请谅解。

基本要求

基本战术

我认为足球的基本战术就是2对2的战术，接下来我们介绍的战术都以2对2为主。

通过介绍战术，我要向守门员传达的是"防守就是进攻的基础"这个理念。所谓的防守，就是通过抢断来迅速组织起进攻。希望每个守门员能够理解"要在防守中进行抢断"的理念。因为在比赛当中能组织进攻的守门员和只会守门的守门员相比，前者会给对方施加更大的压力（图1）。

抢断和协防

这是2对2的基础。通过抢断给对方的持球队员施加压力，另一名队员进行协防。

守门员的职责

在讲解战术之前，我们看一下守门员的职责。守门员的职责主要分为五个阶段。

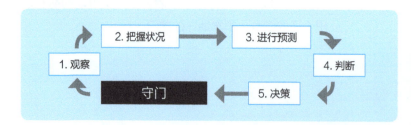

如果顺利完成这五个阶段的话，可以和队友顺利地进行配合。

只要顺利完成这五个阶段的职责，就可以顺利地完成守门动作。

首先，守门员要观察比赛的状况，随后预测比赛的发展，对于自己接下来的动作进行判断。并且根据判断向队友做出指示，自己站好位置，做好守门的准备。如果顺利完成这五个步骤的话，还可以和队友顺利地进行配合。

注意后防线的身后

不让对方触球

守门员为了做好防守，首先要注意后防线的身后。

如果对方通过长传或直传，打到后防线身后的话，守门员要组织后防线后撤，进行防守（图2）。如果守门员和后防线配合好的话，对方无法打身后，只能选择向别的方向传球。所以不能让对方球员打到身后，这是守门员的重要职责。

如果对方的传球打到了后防线身后的话，守门员可以出击解围。关键是守门员要和后防线配合好。

如果对方打到后卫的身后的话，守门员需要亲自上前解围，而且需要不断与后卫进行言语交流。

让球是丢分的原因

当对方通过长传或直传打后防线的身后时，对于谁来解围不能犹豫。如果守门员和后卫之间互相让球的话将非常危险。这就需要守门员迅速做出判断，然后指挥后卫进行防守。如果指令不及时，就会出现守门员和后卫互相让球的情况。在守门员自己解围时，也要将信息传达给后卫，这样后卫可以通过身体阻挡对方球员，从而协助守门员安全解围。

不仅要盯着足球，还要留意对方球员

守门员如何才能判断出对方球员通过直传或长传打后防线的身后呢？首先应该盯着持球队员的动作和眼神，其次要注意对方的其他前锋以及前锋身后的队员。因为持球队员往往会将球传给这些队员，所以这些队员向后卫身后跑动的话，说明有可能进行直传或长传。这时守门员应该指示后卫有重点地盯人，或随时将后防线后撤。守门员的姿势也不能降低，要随时注意防守高空球。

防止中路突破

阻止射门的最短距离

（图3）

为了阻止对方的进攻，应该阻挡住对方射门的最短距离，而且往往是阻挡住对方的中路进攻就可以。如果是2对2的情况，对方往往是从两个后卫之间传球，也可能是带球或射门（图3）。

这时，为了防止后卫之间漏球，守门员可以指示后卫之间拉近距离。随后再考虑下一步对策（图4）。

如果足球从两名后卫之间穿过的话，两名后卫一下落到了足球的后面。

（图4）

如果后卫之间的距离拉近的话，被打穿的概率相应变小。

2对2加上守门员，成为3对2

2对2防守的基本原则就是抢断与协防。指的是一名队员上前抢断，另一名队员在他身后进行保护（图1）。但是如果对方带球到了球门前的话，最好对其施加压力，守门员可以指挥两名后卫上前夹击。

这是因为如果对方球员近距离持球的话，对球门带来的威胁非常大。所以派两名后卫上前抢断比较合理（图5）。

但是两名后卫如果同时上前抢断的话，只能通过守门员的上前协防进行补位。如果后防线被打穿，或者后卫被过人的话，守门员就要起到后卫的作用，及时上前解围。这样，三名队员同时进行防守，从人数上占优势（图6）。

为了阻止后卫的身后被打穿，守门员要利用灵活的步伐和合理的站位保护后卫身后的空间。但是守门员在防守的时候也要注意盯防对方的突然射门，所以要做好随时扑救的动作，同时对于前方的区域进行防守。

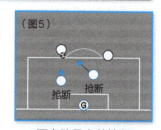

（图5）

两名队员上前抢断

为了夹击对方球员，两名后卫上前抢断。

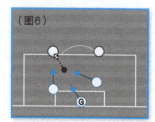

（图6）

由于守门员参与防守，导致防守的人数增多。

刚才说过，如果后防线被对方打穿的话，对方可以向前突破或射门。因此，为了阻止对方射门，后卫应该利用身体阻挡或破坏对方射门。如果后卫可以积极地进行防守，守门员已经做好了守门动作的话，对方球员只能选择传球，而不是射门。这种"不让对方起脚射门"的战术就需要守门员和后卫的精确配合。

防守时考虑对方的进攻方式

预测对方的进攻方式

刚才曾经说过，足球中的进攻首先会考虑打后卫线的身后。接下来我们介绍一下足球进攻方式的优先顺序。

打防守队员的身后→中路突破→向两侧分球，进行边路突破→在中路带球，寻求射门的机会→在后卫线带球，组织进攻→守门员组织进攻。

如果本方的进攻没有成功的话，对方立刻会按照上述的方式组织进攻。如果能够理解这一点的话，可以立刻组织起有效的防守。例如对方将球回传给守门员的话，往往是由守门员开球来组织进攻，或通过长传打身后。预测到这一点以后，守门员可以组织后卫防守对方的长传，或者守门员亲自解围（图7）。像这样，根据对方的进攻方式，守门员和后卫配合进行防守是非常重要的。

（图7）

当对方进行长传时，守门员不仅要自己做好解围的准备，而且可以指示后防线后退进行防守。

对场上队员的指令与沟通

根据不同情况，考虑沟通的对象和方法

　　足球位于中场附近时，有些守门员也喜欢给场上队员下指令，但是由于足球距离守门员比较远，守门员向队员下指令的意义并不大。首先，位于中场的运动员不一定听得到守门员的喊声，另外中场的运动员之间可能正在进行沟通，也许会和守门员的指令出现矛盾。这时守门员最好向后卫发出指令，让后卫紧盯着对方的前锋。如果本方在中场失守的话，守门员和后卫可以进行配合，阻止对方将球输送到前场。

　　守门员在向本方队员发出指令时要注意3点，就是指令的时机，指令的正确性，以及声音的大小。指令的时机指的是发出指令时场上的情况。指令的正确性指的是接受指令的后卫是否能够进行正确的防守。声音的大小指的是本方运动员是否能够听见守门员的声音。所以守门员在发出指令之前，要将这3点牢牢记住。在对方进攻时是由守门员进行解围还是后卫进行解围，要清晰地发出指令。如果后卫不能理解的话，会造成防守的混乱。

防止边路突破

不能只注重边路

　　如果对方从中路不容易突破，接下来很可能会采取边路突破的方法。在对方将球传到边路准备进攻时，守门员一定要注意位于中路的对方球员。首先要确认后卫是否能够盯人。其次，对方的前锋是否跑到了后卫的身后。如果守门员能够弄清球门前状况的话，可以对本方的后卫发出正确的指令。另一个要点就是守门员的站位，因为对方随时有可能打出传中球，所以身体最好采用直立的姿势，并且要根据来球的方向随时调整身体的角度（图8）。

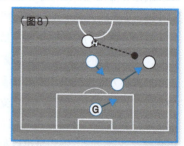

（图8）

守门员随时要了解足球所在的位置，以及本方和对方运动员的跑位，随后做出正确的判断。

防传中球

　　大家也许都看过这样的场景，利用边路突破，传中以后直接吊射进球。到底是什么原因造成丢分呢？主要还是守门员的站位问题。在对方球员进行边路突破时，守门员注意的主要是球门的近端，如果守门员过于注意近端的话，对方选手可以利用传中球进行吊射，这时守门员来不及向远端奔跑。当对方队员从边路进行传中时，守门员的站位应该在球门的近端和远端的正中间。这样，无论对方球员将球传中，还是吊球射门，守门员都可以迅速做出反应。所以守门员的站位以及守门员对来球的判断，在这时显得非常重要（图9）。

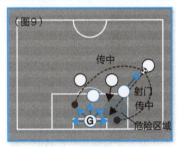

球门区的近端是危险区域，但是过于牵扯精力的话，容易疏忽远端的防守。因此守门员的站位非常重要。

限制对方球员带球

　　后卫也许会被对方运动员突然打身后，或者边路遭到突破，这种情况对于守门员来说是非常危险的。但是守门员可以和后卫一同化解这种局面。

　　对方的前锋越是进攻到底线，射门的角度就越小，射门的概率也变低，守门员可以趁这个时间进行防守的准备。如果对方的边路球员向中路突破，协防的后卫可以进行堵截（图10）。

　　所以最重要的是，守门员在防守的同时，要与后卫配合，向对方的球员步步紧逼，限制对方的射门。

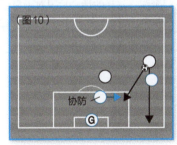

如果后卫被对方球员突破的话，其他后卫要立刻进行补位，守门员要做好防守对方射门的准备。

危机管理

守门员是最后，也是最重要的防守队员

守门员应该对对方的进攻随时做出预测。特别是本方正在进攻时，守门员容易把注意力用在本方的进攻队员身上。但是对方有可能突然打反击，所以守门员随时要和后卫保持沟通，带动后卫进行防守。

争取以多胜少

对方发角球或任意球时，对方的很多队员会参与进攻。这时守门员可以组织后卫进行防守。例如，如果对方的一名前锋位于中路，守门员可以指挥抢断和保护的两名队员进行防守。如果对方有两名前锋，可以组织三名后卫防守。总之在数量上一定要占优。

让后卫面向对方

为了防守对方的长传或直传，有时后卫要向着本方的球门奔跑。这样的话，后卫对于自己身后的对方前锋的动作无法做出反应。所以守门员预感到对方要进行长传或直传的话，可以让后卫先后撤。这样一来，后卫可以保持正面防守（图11，图12）。

如果本方的后卫面对着本方球门的话，不容易防守对方前锋。

后卫应该面向对方的球门进行防守。如果对方的前锋前插，守门员要向后卫发出指令。

定位球 -1（点球）

扑点球时的精神作用更重要

在罚点球时，只有守门员一个人进行防守，可以说，点球也是守门员表现的舞台。我认为扑点球时70%的因素是精神因素，所以守门员一定要表现出十足的自信。"往我身上踢！往我身上踢！"如果一直这么想的话，有时球真的会踢到自己的身上。其实罚球队员的心理压力会更大，特别是比赛中进球的队员容易疏忽大意。这时如果守门员勇气十足的话，可以给罚球的运动员更大的压力。

扑点球

关于扑点球的要点进行了几点总结，请大家参考。

1. 在罚球队员踢球的一瞬间，守门员就要做出动作。
2. 向左扑救时左脚发力，向右扑救时右脚发力。
3. 守门员扑救时可以向着球门区的两个顶端扑救。
4. 鱼跃时要展开身体，尽量增加防守的面积。
5. 在罚球队员踢球之前，守门员绝对不能开始扑救。
6. 在扑救之前心里想着"往我身上踢！"
7. 潇洒的扑救动作可以给对方球员施加压力。
8. 为了预防对方球员的补射，要随时盯着对方球员的一举一动。

因为守门员向着球门区的两个顶端扑救，扑救的路线和来球的路线形成直角，更容易用身体的面积阻挡住足球。

罚球选手的类型

罚点球的选手大约分为两种类型，一种是瞄准了球门的死角，或者善于分析守门员动作的技巧派，另一种是使用力量将球打进球门的力量派。如果守门员在扑救之前就能了解罚球手的特点的话，对于守门会有很大的好处。这就希望守门员在比赛之前更多地观察对方运动员的表现，事先掌握对方罚球的数据。

扑点球的训练方法

接下来我们介绍一下守门员扑点球的训练方法。首先可以按照照片中的方式将球门分为9个区域，同伴商量将球罚到哪个区域，使用多大的力度，左脚还是右脚罚球，随后进行扑点球的练习。如果今天决定练习扑右下角的点球的话，可以用一天时间进行这个单项训练。并且可以预测一下发球选手的罚球类型是技巧型还是力量型，通过扑对方的不同球路、不同速度的点球，可以适应各种罚点球的方法，适应罚球手在距离自己11米的地方踢球的时机。

此外，守门员还可以根据比赛的情况和比分预测罚球手罚球的方式和球路，因为罚球手的球路一定会有一些征兆。为了达到这个目的，扑点球之前可以说是守门员和罚球手的一场心理战。

练习守门之前将球门分为9个区域，通过多次扑救适应不同的罚球方法。

定位球 −2（直接任意球）

排列人墙的方法

为了防止对方利用任意球直接射门，要排列人墙。人墙应该位于任意球球路的中央，确定人墙的位置时要通过从外侧开始的第二名运动员的位置来决定。如果对方在禁区的正中央罚直接任意球的话，人墙之前留一个缝隙，可以给守门员流出观察的空间。但是对方球员会站在这个缝隙里，所以人墙中尽量不要留缝隙。

在比赛当中在什么位置，需要几个人排列人墙，应该提前做好准备。这样才能在比赛中迅速形成人墙，并且能够有效地防止对方进球。所以平时训练时一定要模拟实战的感觉（图13，图14）。

（图13）

4~8人

1~3人   1~3人

G

排列人墙的数量会根据足球的位置，以及罚球的距离不同而有所不同。如果被判罚任意球，立刻就要确定人墙的数量。

（图14）

G

人墙的位置由外侧的第二名球员决定，根据罚球队员使用左脚罚球，还是右脚罚球，可以对人墙的位置稍稍调整。

守门员的站位以及指令

守门员的站位应该在人墙的正中间，这是因为无论足球踢向左边还是右边，守门员都可以迅速做出反应。此外守门员要迅速做出扑救的准备，因为守门员在排列人墙，以及组织后卫盯防对方时，容易忽视罚球队员的动作，有可能被对方打一个措手不及。因此即使看不到足球，守门员也应该做好守门的动作，还要盯着罚球队员的一举一动，这样可以给罚球队员带来压力。如果实在看不到罚球队员的动作，可以让本方人墙以外的队员在对方罚球时举手提醒自己。

一些守门员在排人墙时容易离球门过近，这也是非常不可取的。因为罚球队员随时可能罚球，所以在判罚任意球之后要随时做好扑救的准备；然后排列人墙，并且指示后卫盯人。

角球和界外球

很多球员对于角球和界外球的防守感到无可适从。特别是在处理高球时，如果平时不注意专项训练，比赛当中是很难适应的。这就要求平时进行大量的针对性训练。

在防守角球和界外球时，最重要的就是盯人。而且在防守角球时，有时要让本方队员站在球门的近端帮助防守。站在球门近端防守的球员也需要根据踢球的脚来选择。此外，在罚角球之后，罚球选手变得无人盯防。因此可以让站在球门柱附近的队员立刻上前参与对罚球队员的盯防（图15）。

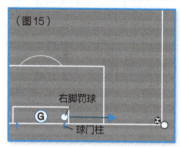

（图15）

右脚罚球

G

球门柱

站在右侧球门的防守队员应该是使用右脚的队员，左侧球门的防守队员应该是使用左脚的队员。在罚完角球之后站在球门的队员要参与防守。

守门员开球

守门员开球的方法包括向本方队员开球，以及向空旷区域开球。如果向人员密集的中场开球，本方队员抢到球的概率为50%。但是阵型如果排列规则的话，抢到球的概率无疑会提高。此外，守门员也可以将球尽量踢远，或者轮流使用左脚或右脚开球。

守门员开球也是组织进攻的一种方式。如果通过守门员和后卫的短传进行组织时，中场队员无人盯防的话，可以立刻进行传中。但是对方球员往往会从中场迅速对本方施压，守门员可以大声呼喊"盯防"或"抢断"来提醒本方队员。

守门员成为进攻的起点

守门员发起进攻的情况，主要包括如下三种：第一，开球门球；第二，踢手抛球；第三，手抛球。无论哪一种情况都要将足球尽快地交给本方的前锋。如果做不到可以把球交给本方的中场队员。实在不行，可以将球交给后防线队员或者离自己最近的队员。如果能够理解这种进攻阵型的话，对于防守对方的进攻才能够进行预测。只有了解了进攻的方法，才能够更加稳固防守。

避免无目的的传球

守门员在组织进攻时，对方选手一定会上前逼抢，即使这样守门员也要将球传给自己的队员。这时一定要避免无目的的将球传给本方队员。如果接球的队员能够组织起接下来的进攻，说明守门员的传球是成功的。所以守门员在传球时一定要想着队友接下来的进攻。

守门员的位置移动

如果守门员在开球时，没有合适的队员来接球，守门员可以持球6秒钟，在禁区内寻找合适的开球时机。守门员在禁区内寻找开球位置，和队员带球起到的作用是一样的。此外，为了手抛球和开球的距离能够更远，守门员也可以加上助跑，甚至可以跑到禁区的边缘，这样开球的效果会更有杀伤力（图17）。

为了守门员开出一个好球，其他队员也要进行协助。本方的前锋可以随时准备插上，边路选手可以向边路散开。这样可以扩大进攻的面积，变得更容易传球。此外，守门员开球的时机也可以由其他队员掌握，遇到合适的时机就大声向守门员呼喊。如果本方球员已经被盯住，盲目传球会导致被抢断。如果是在球门附近被抢断，有可能丢分。所以守门员要养成判断球路的习惯。

（图17）

守门员开球距离的差距

如果守门员在有限的范围内向前跑动，开球和抛球的距离必然更远。特别是对于开球和抛球没有自信的话，可以留意这一点。

后卫防守体系

理解防守的优先顺序

守门员为了能够指挥后卫进行防守，首先要理解防守的优先顺序。防守的顺序包括五条。①不让对方传球。②进行拦截。③进行抢断。④不让对方的运动员正对着前方。⑤对方面对前方的话，守门员可以将球破坏。

守门员在了解防守的优先顺序之后，才可以向后卫发出指令。关于盯防对方球员的方法，根据情况不同或许会发出不同的指令。是远距离盯防对方，还是近距离盯防对方，都要由守门员迅速做出判断，随后立刻传达给场上队员。

沟 通

photographed by Suguru Ohori

　　守门员在比赛中最重要的就是和队友的沟通，沟通可以让队员之间的配合更加流畅，将危险的

状况防患于未然。守门员和队员的沟通分为三种：个人之间的沟通，与后卫们的沟通，以及与全体

队员的沟通。为了和队友之间的沟通更加顺畅，首先要提高喊话的音量。其次要注重沟通的质量，

也就是说向队员下达正确的指令。最后是要在正确的时机进行沟通，保证沟通时队员可以仔细听到

守门员的指令。但是在紧张的比赛当中，队员有时很难听清守门员的指令，这就要求守门员在平日

多和队员们进行交流，从生活态度上得到队友们的信任。只有这样，才能在比赛的关键时刻率领队

员们一同奋战。

Chapter 4
守门员的心得

虽然掌握了一些守门的经验和技巧，但是未必能够成长为一名优秀的守门员。优秀守门员的必要条件就是坚强的内心。接下来我们就要介绍一些守门员在心理方面的心得，希望大家能成为内心坚强的守门员。

注意　　本书记述了在职业守门员教练的指导下，进行比赛和训练的内容。读者在进行训练和比赛时，应该对安全性有充足的认识。因此在练习本书记述的内容时，出版社对于读者发生的伤病和死亡事故不负任何责任。对于练习时损坏的所有物品不进行任何赔偿。其中发生的所有情况由读者本人负责，敬请谅解。

足球运动员的心理素质

当发生失误时

photographed by Suguru Ohori

不仅是守门员，我们谈一谈作为足球运动员的心理素质。足球是一项对抗非常强烈的运动，而且使用的是双腿进行的运动，当然会发生很多失误。所以在比赛和训练中不要过于在意队友的失误，是要时刻鼓励队友。

足球是一项体育运动，体育运动是为了疏散压力而创造的。与其对失误耿耿于怀，不如积极地训练，尽早投入下一次比赛。

守门员的心理素质

谦虚的态度

守门员的失误往往会导致丢分，所以无论守门员发挥得如何，都要正视比赛的结果。即使扑出了关键球，即使保证一球不丢，足球也是一项团体运动，守门员应该谦虚谨慎，向队友保持感恩之心。

即使发生了失误，也没有必要后悔，要集中精力进行防守。

守门员的成长

心中的两个"也许"

人的心中总是有两种念头，一种是"也许行"，另一种是"也许不行"。在初次尝试一件事时，大家心里想的都是"也许行"。但是当遇到一定困难之后，"也许不行"的想法会逐渐加重。随之而来的是自己的行为也逐渐变得消极。守门员也是一样，如果觉得自己"也许不行"，比赛中就会变得消极。但是只有不惧怕失误，挑战成功，守门员才能够成长。平时无法达到的跳跃高度，经过努力也许现在可以到达。只有付出努力才能够体会成功的乐趣，因此守门员在比赛中始终要抱有"也许行"的想法。

在守门员的成长过程中需要"写""汗""耻"这三个字。"写"指书写，也就是自我分析的过程。在训练和比赛中有一点心得，都应该立刻写在笔记本上。通过记录也许会发现新的问题。

"汗"指的是积极地参加训练，在训练中要流汗。如果在一次比赛中发生失误，那就要在下一次比赛之前，通过练习提高自己的技巧，弥补技术失误。与其对自己的失误感到后悔，不如把眼光投向下一次比赛。

"耻"指的是要勇于创新，勇于挑战。即使挑战失败也会学到很多东西，但是不挑战的话自己没有任何收获。如果挑战成功，自己要付出更多的努力将成功延续下去，如果失败要从失败中吸取经验，争取下一次取得成功。

大声喊出指令

有些选手不会在比赛场上大声呼喊，即使教练命令他们呼喊也很难短时间做到。那么到底是什么原因让他们不能大声喊出来呢？不会大声呼喊的守门员有一个共同的特点，就是不知道该做出什么样的指令，或者有时自己没有自信。如果没有自信的话，通过不断的练习，可以慢慢弥补。并且树立一个明确的目标，向着这个目标努力的话，守门员就可以逐渐大声喊出来。

如果守门员不知道自己应该发出什么指令的话，就要努力学习足球的战术，判断自己现在应该发出什么样的指令。但是对于初学者来说，立刻发出指令还是一项很困难的事情。这时可以从喊出激励队员的话开始练习。

photographed by Suguru Ohori

137

在平时的训练和比赛当中，守门员可以大声喊"好球"来鼓励自己的队友。这样的喊声可以拉近守门员和其他队员之间的关系，而且可以向其他队员提供更多的场上信息。

为了让队友听清自己的指令，发出指令的时机，指令的内容，以及声音的大小是非常关键的三个要素。所以要在合适的时机，将重要的信息大声传达给队友。

大声呼喊可以改变场上的局势

很多人认为守门员的呼喊是为了队友，实际上喊声也会传到守门员自己耳朵里，这对于自己也是一种无形中的鼓励。只有积极地呼喊，才能提高自己的斗志，在场上的拼搏会更加积极，并且给对手施加更大的压力。

如果守门员的话语中充满了牢骚和抱怨，也会传到自己耳朵里。这样不知不觉当中自己的身心会受到影响，身体也会变得更加疲惫。因此在队友失误的时候，也要大声呼喊"加油""没关系"来鼓励队友。

踢出好球的关键

守门员的判断要果断

在进行一对一的对抗时，守门员觉得自己可以出击的时候，就要果断出击。如果稍有犹豫，就会错过防守的最佳时机。很多守门员担心自己的失误会导致失球，而且守门员担心的要素还有很多。这就需要平时加强练习，提高自己的判断能力和技术水平；并且在比赛中一定要表现出必胜的信念，这样对比赛的判断也会更加清晰。

photographed by Suguru Ohori

其实守门员做出的每个动作都需要判断，如果在一对一对抗当中，守门员的出击没有成功断球的话，下次遇到同样的情况时，可能会避免贸然出击。像这样，经过判断之后选择自己的动作是非常重要的，做出了明确的判断之后就要坚决执行。

取得胜利的秘诀

带着强烈的求胜欲望

photographed by Suguru Ohori

如果说情绪是比赛中最关键的因素的话，显得有些虚无缥缈。但是如果带有必胜的信念，成功的概率无疑会提高很多。守门员的表现也是一样，如果在接球时心中想着"一定要抓住足球"的话，意识容易传达到手指尖，即使难度再高的球，也可以抓得更牢。很多优秀的守门员对于每一个处理球的动作都带有非常执着的信念，他们的心中总想着"绝对要断球""绝对要守住球门"。

提高基本技巧

大家都懂得这个道理，为了在赛场上表现得更加出色，平日的练习是必不可少的。平时练习可以提高足球的基本技巧，如果技巧提高的话，动作的成功率就会提高。即使在刮风和下雨等外界条件非常恶劣的情况下，每个动作也能够沉着冷静地完成。如果再加上丰富的比赛经验的话，就可以成为一名表现非常稳定的守门员。

photographed by Suguru Ohori

从失败中汲取经验

集中精力，投入到眼前的比赛

比赛中的失误是必不可少的，但是失误之后绝对不能垂头丧气。如果发生失误，要立刻转换心情，集中精力投入到眼前的比赛当中。因为比赛不等人，对于错误的反省完全可以放在比赛之后进行。为了比赛当中能够集中精力，在平时训练时就要对自己的状态进行客观地分析，能够做到发生失误时立刻能转换自己的注意力。

在失败中学习

虽然在比赛中竭尽全力，但是因为自己的失误导致比赛失败，这种情况非常常见。虽然平日练习对于技巧的提高有很大的帮助，但是从失败中获得经验，对于今后的比赛会更有参考价值。大家可以改变一下自己的思考方式，把每次失误当作一次学习的机会。

这样的话，在比赛当中拥有一颗强大的心脏对于守门员来说是非常重要的，因为强大的内心才是一名优秀守门员的必要条件。

丢分

失去的只是一分

如果丢分的话，在下一次开球之前，首先要调整好自己的心态。无论怎么后悔，无论怎么责怪队友，丢分也不可能挽回了。所以要立刻调整好心态，把所有的精力放在接下来的比赛当中。如果作为一名守门员放弃了比赛的话，队伍是无法取得胜利的。

photographed by Suguru Ohori

从丢分中学习

如果在比赛当中被对方的前锋一对一过人，或者被对方射门得分的话，守门员应该审视如下四点：第一，守门员对后卫的指令是否正确。第二，对方前锋在过掉本方后卫之后，自己的对应是否正确。第三，对方在射门时，自己的姿势是否正确。第四，自己对射门是否做出了及时反应。如果以上的任何一点做的不够的话，就立刻需要通过练习进行弥补。如果对射门的反应不够灵敏，就要多次进行一对一的防守射门练习。所以每个守门员都要对自己的丢分进行总结，这样才能够在今后的训练中作为重要的参考。虽然比赛中竭尽全力，但还是丢分了，这对于每位守门员都是成长中的必经过程。

日常训练

日常训练是比赛的前奏

为了在比赛中取得好成绩，并且为了提高自己的足球水平，每位守门员都会经历刻苦的练习。但是，是否能够把每次练习当作比赛来对待呢？如果在练习之前弄清练习目的的话，才能更有针对性。而且持续针对比赛的练习，运动水平会明显提高，对于练习的热情也会不断增长。

photographed by Suguru Ohori

提高训练水平的途径

如何度过每天的24小时

仅仅在训练和比赛中表现出色的守门员，是不能成为优秀守门员的，从日常生活中的态度，待人接物的方法，是否遵守时间，是否遵守纪律，这些因素对于一名守门员来说非常重要。为了成为优秀的守门员，首先要成为一个优秀的人。

我一直坚守的信条就是：日常生活中的每个细节都可以决定比赛的胜负，而比赛的结果反映了日常生活的细节。

每次足球的训练充其量只有2～3小时，对于剩下的20多个小时应该如何度过，是考验一名运动员是否优秀的重要标准。

建立和队友之间的信赖关系

做到尽职尽责

photographed by Suguru Ohori

作为足球队的守门员，是最应该获得队友信任的，但不是每一位守门员一开始就可以得到队友的信任。获得队友信任的方法很简单，就是在训练和比赛中能够做到尽职尽责。在训练中不遗余力，对于生活的态度一丝不苟。这样不仅球技可以不断进步，也可以逐渐显示出人格魅力，才能成长为受到大家信赖的守门员。所以没有必要特意讨好队友，做好平日的每一个细节才是获得信任的关键。

不断鼓励队友

喊话的声音、时机和内容

守门员从后场向队友喊话可以提高队员们的气势，使自己的队伍在比赛当中更加有利。为了有效地鼓舞自己的队友，前面我们介绍的向队友喊话的三个要素是非常重要的。首先是喊话的时机，如果本方队员在进攻当中，通过喊话来鼓励队员是没有意义的。不如向队员发出指令，和自己一同进行防守更重要。

当足球出了边线时，或者比赛中断时，才是守门员鼓励队友的最佳时机。在比赛中大喊："集中精力"，也许队友们根本无法听见。但是在比赛中断时喊出"集中精力"的话，守门员对于比赛的热情会传给每一位队友。

自信

保持心态平衡

　　很多足球运动员在比赛之前由于心理压力过大，感到心神不宁，导致发挥失常。这种情况下需要增强自信。那么具体增强哪方面的自信呢？是对于自己至今为止的努力的自信。如果回想一下自己付出的努力，自信会油然而生。拥有自信的话，心态也会更加平静，对于比赛的准备也会更加充分。在比赛之前，没有必要拥有太强的求胜欲望，否则心态会出现失衡。再强的求胜欲望也不可能迅速提高竞技状态，运动员在场上的表现都是平时训练的结果。

　　最后想告诉大家的就是，守门员之所以做出精彩的扑救，是因为对每个球不放弃。只有这种心态才可以扑出必进的球。

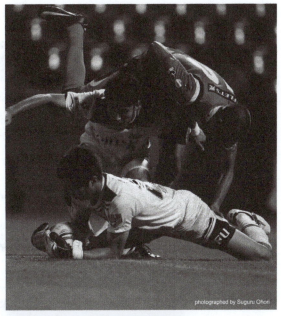

photographed by Suguru Ohori

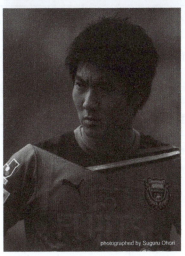

photographed by Suguru Ohori

信　任

photographed by Suguru Ohori

守门员的出色表现离不开队友的信任。如果守门员和队友结成了紧密的纽带，队友可以按照守

门员的指令进行防守。但是如果队友对守门员失去信任，重新获取队友的信任就需要很长的时间

了。但是有些守门员即使失误也可以得到队友的支持，这两种守门员之间有什么区别呢？秘诀在于

守门员的日常训练。如果每次训练都能够竭尽全力，对于生活的态度非常积极，和队友之间无疑建

立了重要的默契，即使出现失误也不会破坏自己在队友心目中的地位。但是建立信任关系不是一天

可以实现的，需要在每次训练中不断提高自己的水平，这样才能获得队友的信任。

日本与国外的区别

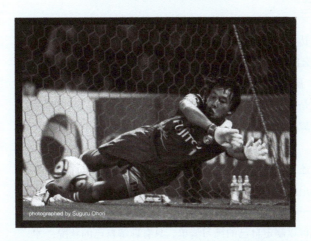

photographed by Suguru Ohori

人的思考方式包括积极和消极两方面，如果守门员的思考方式过于消极，总是想着失误，害怕负责的话，在比赛中一定会缩手缩脚。如果想着"为了胜利一定要守住球门"的话，场上的表现也会很出色。近年来，日本的守门员在比赛中总认为等待机会是最重要的，但是国外的守门员认为出击是最重要的。当然，有时在防守中确实需要等待时机，但是希望守门员可以洞察对方的漏洞，积极组织本方的进攻。我觉得这才是积极的思考方式在足球场上的体现。

给选手们的赠言

我通过本书一直在传达"守门员是足球队中最重要的位置"这个信息。既然是全队中最重要的,那么出现失误怎么办?如果总是这么消极的话,不如想想"正因为是最重要的位置,所以才要保证一球不丢"。并且,守门员的位置不应该强行安排给某个人,而是大家努力争当守门员。为了成为守门员,不仅要学习守门的技巧,而且要听取教练们的意见和建议。对于训练和比赛中发现的问题要仔细思考。

为了提高守门技巧,还有一个要点就是找到自己的偶像。偶像也许是世界著名的守门员,也许是队里的前辈,平时就要关注他守门的方法,模仿他的动作。我在本书当中介绍了一些重要的守门技巧以及训练方法,大家不仅可以按照我推荐的方法练习,也可以制定自己的练习清单。只有理解自己的状况,才更容易取得进步。我只不过作为一名有经验的守门员,把自己的感想告诉给大家,大家也可以根据自己的情况创造新的训练方法。

给教练们的赠言

　　我作为职业守门员感到最困惑的一句话就是"好球"。刚开始踢守门员的位置时，被教练夸奖感到很高兴。但是后来慢慢考虑一下，不明白自己的守门好在哪里。例如，扑救射门这一个动作就包括站位、步伐和后卫的配合等要素。教练应该针对每个要素对守门员仔细讲解。这样对于守门员会更有参考价值，不仅激发了守门员的动力，而且可以提高守门的水平。

　　希望教练可以经常和守门员进行交流，即使队里有守门员教练，守门员教练的工作只不过是辅助教练，主教练的一句话对于守门员更加重要。有些教练没有守门的经验，但是守门员是队伍中最重要的位置，教练们也要学习指导守门员的方法。对于守门员的战术，要及时和他们进行分析。和其他10名队员一样，守门员也希望得到教练的战术指导。

　　本书中我曾经说过，守门员要保持积极的心态，但是教练也要积极地和守门员沟通。即使守门员发生了失误，不要首先责怪他们，而是提出修改的建议，并且鼓励他们。本书还介绍了守门员教练应该具备的一些知识点，希望能够在指导球员时起到帮助。

泽村公康

© AC KUMAMOTO

　　1971年生于日本东京都太田区。现在担任熊本深红足球队的守门员教练，拥有日本足协的B级教练证书。从学生时代开始担任守门员，曾经效力于三菱养和足球队和仙台大学足球队，1995年在鸟栖俱乐部预备队从事守门员教练，1998年开始担任熊本县大津高中足球队守门员教练，同时在日本足球协会担任青少年教练，在熊本和九州一直从事守门员教练的普及工作。2003年开始，担任浦和红钻青年队守门员教练，兼任日本女子足球队守门员教练，2007年开始担任川崎前锋队守门员教练，兼任青山学院大学足球队守门员教练。2012年开始担任滨松开诚馆中学足球队教练，2015年开始担任熊本深红足球队的守门员教练。2011年与横滨水手队的松永成立教练一起设立了针对中学生的守门员培训班，并且一直为日本足球守门员的培训竭尽全力。

使用排球、网球、弹簧垫进行快乐的训练，这也是泽村教练的教学特色。但是通过训练学到的是足球的基础知识和技巧。

教练员

（左一）**楠田耕太**（川崎前锋队15岁年龄组守门员助理教练）

（左二）**楠木晃义**（川崎前锋队12岁年龄组守门员教练）

（右二）**铃木友规**（川崎前锋队15岁年龄组陪练）

（右一）**平田俊英**（青山学院大学足球队守门员）

*2012年的信息

神奈川县少年足球联盟主办的守门员培训班

本培训班由神奈川县少年足球联盟和某职业足球俱乐部共同主办，地点在横滨水手俱乐部的练习场地内。前日本国家队守门员松永教练和本书的作者泽村教练在本培训班任教。学员以初中生为主，讲授的内容包括接球、击球、扑救等守门技巧。对于学生们来说，能够接受高水平职业教练的指导是一次非常难得的机会。现在的学员基本上都是神奈川县少年足球联盟的成员，但是今后会扩大招生的范围。

职业教练向学生们传授守门员的基本知识，这在日本也是不多见的。

学生们在倾听教练的讲解。在培训班中，同学们利用一分一秒的时间磨炼自己的守门水平。

前日本国家队的守门员松井教练在进行指导。学生们可以和高水平的教练进行交流。

培训班的教练

松永成立

前日本国家队守门员，横滨水手队教练。为了普及守门员的知识，开设了本学习班。

泽村公康

本书的作者。在培训班中对学生们进行耐心地指导。

横滨水手队训练场（培训班的训练场所）
本训练场不仅是横滨水手队的训练场，而且为当地足球事业的振兴起到了关键性的作用。

神奈川县横滨市西区MINATOMIRAI6-2

图书在版编目（CIP）数据

　　足球守门员圣经：必备技术、训练方法和实战应用：
全彩图解版／（日）泽村公康主编；王爽威译. -- 北京：
人民邮电出版社，2017.1
　　ISBN 978-7-115-43980-2

　　Ⅰ．①足… Ⅱ．①泽… ②王… Ⅲ．①足球运动－守
门员－运动技术－图解 Ⅳ．①G843.19-64

　　中国版本图书馆CIP数据核字(2016)第266935号

版权声明

内 容 提 要

　　本书由具有20年执教职业守门员经验的教练专业写作，使用超过1000幅职业球员示范照片和赛场示意图，
对守门站姿、步伐、接球、扑球、击球、托球、防传中球、角球开球及其他战术进行了分步骤详解。书中还针对
正在进行执教工作的教练提供了一些必备知识点和经验提醒，为教练们更好地指导守门员，降低守门员的学习难
度，建立技术、战术、心理建设一体化的守门员训练体系提供了帮助。

　　◆ 主　　编　[日]泽村公康
　　　 译　　　　王爽威
　　　 责任编辑　李　璇
　　　 责任印制　周昇亮
　　◆ 人民邮电出版社出版发行　　北京市丰台区成寿寺路11号
　　　 邮编　100164　　电子邮件　315@ptpress.com.cn
　　　 网址　http://www.ptpress.com.cn
　　　 固安县铭成印刷有限公司印刷
　　◆ 开本：880×1230　1/24
　　　 印张：6.33　　　　　　　　　2017年1月第1版
　　　 字数：241千字　　　　　　　2025年5月河北第32次印刷
　　　 著作权合同登记号　图字：01-2016-3951号

定价：49.80元
读者服务热线：(010)81055296　印装质量热线：(010)81055316
反盗版热线：(010)81055315